通識課程叢刊

百回中國思想史

姚彥淇、王志瑋　著

連續與突破：
AI時代的思想史閱讀

　　如果我們回望一九九〇年代後期，哪個事物或趨勢的出現是影響當今人類生活劃時代的貢獻？相信大多數的人會把票投給「網際網路」（Internet）這個選項。只要回顧歷史我們就會發現，許多革命性的事物或觀念往往會在某個大家意想不到時間點，以戲劇性的姿態登上歷史舞臺。但如果認真追本溯源我們會發現，其實這個事物或趨勢已經以伏流的恣態發展了一段很長的時間，只是在某個天時地利都湊足的時刻倏然破浪而出。以網際網路為例，早在一九六〇年代美國聯邦政府就已經在研究如何在電腦與電腦之間建立通訊系統，這是科技史所認知網路的起源。但一直到了九〇年代末期，網際網路技術才正式大規模商業化並走入我們的一般人的生活中。如果我們回顧近三年來科技發展的諸多熱門話題，AI（Artificial Intelligence）技術的大創新浪潮絕對可以排在第一位，不管是專家還是大眾皆認為AI技術會對人類歷史發展帶來革命且顛覆性的影響。如同網際網路一般，AI技術也歷經了漫長的發展過程，起點甚至可以上溯到一九五〇年代英國科學家艾倫・麥席森・圖靈（Alan Mathison Turing）那篇 Computing Machinery and Intelligence（〈計算機器與智慧〉）著名論文中所提出的命題：Can Machines Think？（計算機器會像人類般思考嗎？）從歷時性的角度來看，這個世界永遠沒有新鮮事，只有不斷演化的新現象和新潮流；但從共時性的角度來看，所有的變化之所以會不斷發生，都

是平行時空中各種背景條件互相影響和刺激所造成的。

不僅人類物質世界的技術發展是如此，心靈世界的思想或觀念發展亦然。所謂的「思想史」不僅是一種依時間順序傳述人類重要的思想觀念，是如何承先啟後不斷創新發展的敘事文本，更重要的核心任務是探索每個時代的思想人物如何與所處歷史環境交互激盪，進而創造出回應時代的獨特觀念。因此，思想史的敘事重點不僅關注核心文本或代表人物的哲學觀點，更深入探討這些思想如何被形塑體現於特定的社會脈絡中，以及如何影響了當下或是後來的時代。簡單來說，思想觀念的發展並非單向度的過程，就如同歷史上所有改變人類歷史的關鍵技術一樣，是人與環境互動的結果。在不同的歷史條件和社會背景下，每個時代的主流觀念可能有很大部份是當時社會、政治和經濟框架的投影，但每個時代也都會出現不甘於隨波逐流的特異之士，運用他們無窮的想像、創造力和企圖心，創發出一系列改變世界的重要思想或觀念。我們閱讀思想史的目的不僅是追溯過去思想的變遷，更是一趟瞭解人類是如何與其所處世界互動的觀念體驗之旅。更重要的是閱讀思想史可以幫我們培養「全方位思考」的習慣，例如針對某個熱門的事件、現象或趨勢，一個有過思想史閱讀體驗的人，他的討論不會只甘於討論對象本身或當下情境，而是會不自覺的追尋反思此事從最初萌芽至今的發展脈絡，以及在此過程中環繞此事各種主客觀條件。不但能見人所未見、言人所未言，也可能在大部分人意識到之前，先一步發現某個將在未來可能成為重要觀念的討論，即便現在尚蟄伏於潛流之中，這便是身處 AI 時代的我們重新閱讀、反思中國思想史最值得稱頌的意義。

百回思想史的構想，是希望在大家熟悉的中國思想史框架下，提煉出思想家、事件值得注意的基本知識。在宏觀的視角下，探索彼此觀念的連續性與突破意義，從而激發讀者豁然貫通的可能性。讀書不

必貪快，無須像歲末回顧般盤點績效數字，畢竟任何學科的基本知識都可以藉由 AI 軟體快速獲得，人類的閱讀速度永遠比不上這些軟體，因此追求年度閱讀數量無疑是無意義的「內捲」行為。古人云「拋磚引玉」，這本書引的就是現在的玉和將來能成就突破的你。找個可以靜下來的時間，慢慢思索其間的道理，相信一定有「青出於藍勝於藍」的體會。

姚彥淇、王志瑋
二〇二五年元旦謹誌

目次

連續與突破：AI時代的思想史閱讀⋯⋯⋯⋯⋯⋯⋯姚彥淇、王志瑋　1

第 一 回　巫覡與原始宗教：中國思想的起源⋯⋯⋯⋯⋯⋯⋯⋯ 1

第 二 回　殷商的文化特質：從「帝」到「天」⋯⋯⋯⋯⋯⋯⋯ 4

第 三 回　周代的封建文明：敬德與天命⋯⋯⋯⋯⋯⋯⋯⋯⋯⋯ 6

第 四 回　新思潮的誕生：從王宮之學到諸子之學⋯⋯⋯⋯⋯⋯ 8

第 五 回　孔子和原始儒學：我欲仁，斯仁至矣⋯⋯⋯⋯⋯⋯⋯ 10

第 六 回　孔子弟子及其後學：「孔門四科」與「儒分為八」⋯ 12

第 七 回　孟子：四端之心與仁政王道⋯⋯⋯⋯⋯⋯⋯⋯⋯⋯⋯ 14

第 八 回　荀子：人之性惡，其善者偽也⋯⋯⋯⋯⋯⋯⋯⋯⋯⋯ 16

第 九 回　老子：無為而無不為⋯⋯⋯⋯⋯⋯⋯⋯⋯⋯⋯⋯⋯⋯ 18

第 十 回　莊子：天地與我並生，萬物與我為一⋯⋯⋯⋯⋯⋯⋯ 20

第十一回　墨子與墨徒：功利主義的奉行者⋯⋯⋯⋯⋯⋯⋯⋯⋯ 22

第十二回　韓非子：法家思想的集大成者⋯⋯⋯⋯⋯⋯⋯⋯⋯⋯ 24

第十三回　公孫龍子與惠施：「苛察繳繞」的名家⋯⋯⋯⋯⋯⋯ 26

第十四回　鄒衍：五德轉移與大九州⋯⋯⋯⋯⋯⋯⋯⋯⋯⋯⋯⋯ 28

第十五回　《易經》與《易傳》：從八卦到十翼⋯⋯⋯⋯⋯⋯⋯ 30

第十六回	《呂氏春秋》：備天地萬物古今之事 ……………	32
第十七回	黃老之學：與時遷移，應物變化 …………………	34
第十八回	陸賈：馬上得天下，馬下治天下 …………………	36
第十九回	賈誼：莫若眾建諸侯而少其力 ……………………	39
第二十回	《淮南子》：因循而任下，責成而不勞 …………	41
第廿一回	董仲舒：人主近天之所近，遠天之所遠 …………	44
第廿二回	揚雄：玄者，幽攡萬類而不見形者也 ……………	46
第廿三回	班固和《白虎通義》：三綱法天地人，六紀法六合 ………	48
第廿四回	《鹽鐵論》：故工商梓匠，邦國之用，器械之備也 ………	50
第廿五回	讖緯之學：符瑞之應，昭然著聞，宜荅天神，以塞群望 …	52
第廿六回	《太平經》：天報有功，不與無德 ………………	55
第廿七回	王充：凡人遇偶及遭累害，皆由命也 ……………	58
第廿八回	王符與仲長統：務本而抑末 ………………………	61
第廿九回	《人物志》：凡人之質量，中和最貴矣 …………	63
第三十回	魏晉玄學的興起：《莊》、《老》、《周易》，總謂三玄 ………	65
第三一回	何晏與王弼：無形無名者，萬物之宗也 …………	68
第三二回	阮籍：傲然獨得，任性不羈 ………………………	70
第三三回	嵇康：越名教而任自然 ……………………………	72
第三四回	魏晉清談與言意之辨：得意而忘象，得象而忘言 ………	74
第三五回	郭象：小大雖殊，逍遙一也 ………………………	76
第三六回	裴頠：夫總混群本，宗極之道也 …………………	79

第三七回	孫盛：因應無方，唯變所適	81
第三八回	張湛及《列子注》：明群有以至虛為宗	83
第三九回	格義與大乘般若學：擬配外書，為生解之例	86
第四十回	六家七宗：無在萬化之前，空為眾形之始	88
第四一回	僧肇：智無知，故能玄照於事外	91
第四二回	竺道生：一念無不知者，始乎大悟時也	94
第四三回	《大乘起信論》：一心開二門	96
第四四回	慧遠、范縝：形盡神不滅與形盡則神滅	98
第四五回	吉藏與三論宗：諸佛依二諦，為眾生說法	101
第四六回	智顗與天台宗：一念無明法性心	103
第四七回	法藏與華嚴宗：一攝一切，一切攝一	105
第四八回	惠能與禪宗：本來無一物，何處惹塵埃	108
第四九回	玄奘與唯識宗：阿賴耶識為種子，虛妄分別所攝諸識	110
第五十回	韓愈（一）：性之品有三，而其所以為性者五；情之品有三，而其所以為情者七	112
第五一回	韓愈（二）：軻之死，不得其傳焉	114
第五二回	李翱：人之所以為聖人者，性也；人之所以惑其性者，情也	117
第五三回	胡瑗、孫復、石介：本朝理學雖至伊、洛而精，實自三先生而始	119
第五四回	宋明理學（一）：理氣心性的各自解讀	121
第五五回	宋明理學（二）：理學家的分系歸類	124

第五六回	周敦頤（一）：五行一陰陽也，陰陽一太極也，	
	太極本無極也	128
第五七回	周敦頤（二）：誠者，聖人之本	131
第五八回	邵雍：以物觀物，性也；以我觀物，情也	134
第五九回	司馬光：道之要在治方寸之地而已	137
第六十回	張載（一）：一物兩體，氣也	140
第六一回	張載（二）：形而後有氣質之性，善反之則天地之性存焉	142
第六二回	程顥：仁者，渾然與物同體	145
第六三回	程頤：涵養須用敬，進學則在致知	148
第六四回	楊時：人各有勝心，勝心去盡而惟天理之循	151
第六五回	謝良佐：克己復禮無私心焉，則天矣	155
第六六回	朱熹（一）：未有此氣，便有此理。既有此理，	
	必有此氣	158
第六七回	朱熹（二）：心貫動靜而心統性情	161
第六八回	呂祖謙：以心御氣而不為氣所御，以心移氣而	
	不為氣所移	164
第六九回	陸九齡：聲氣容色、應對進退，乃致知力行之原	167
第七十回	陸九淵：人皆有是心，心皆具是理。心即理也	170
第七一回	鵝湖之會：尊德性、道問學的對立	172
第七二回	楊簡：此心本清明無滓，因物有遷而動乎意，	
	故流入於惡	175

第七三回	湖湘學派（一）胡宏：非性無物，非氣無形。性，其氣之本乎	178
第七四回	湖湘學派（二）張栻：有太極則有物，故性外無物	181
第七五回	事功學派（一）葉適：道雖廣大，理備事足，而終歸之於物，不使散流	184
第七六回	事功學派（二）陳亮：夫道非出於形氣之表，而常行於事物之間者也	186
第七七回	黃榦：格物、致知，又以居敬為本焉	189
第七八回	陳淳：其為工夫大要處亦不過致知、力行二事而已	192
第七九回	吳澄：外之物格，則內之知致，此儒者內外合一之學	195
第八十回	曹端：今使活人騎馬，則其出入行止疾徐，一由乎人馭之	198
第八一回	吳與弼：大抵聖賢授受，緊要惟在一敬字	201
第八二回	薛瑄：理如日光，氣如飛鳥，理乘氣機而動，如日光載鳥背而飛	204
第八三回	陳獻章：為學須從靜中坐養出個端倪來	207
第八四回	胡居仁：工夫本原，只在主敬存心上	210
第八五回	湛若水：隨處體認天理	212
第八六回	羅欽順：理只是氣之理，當於氣之轉折處觀之	215
第八七回	王守仁（一）：此心無私欲之蔽，即是天理，不須外面添一分	218
第八八回	王守仁（二）：無心外之理，無心外之物	221

第八九回　浙中王門（一）王畿：若能在先天心體上立根，
　　　　　則意所動自無不善⋯⋯⋯⋯⋯⋯⋯⋯⋯⋯⋯⋯⋯⋯⋯⋯224

第九十回　浙中王門（二）錢德洪：是止至善也者，
　　　　　未嘗離誠意而得也⋯⋯⋯⋯⋯⋯⋯⋯⋯⋯⋯⋯⋯⋯⋯⋯227

第九一回　江右王門（一）鄒守益：敬也者，良知之精明而不雜
　　　　　以塵俗者也⋯⋯⋯⋯⋯⋯⋯⋯⋯⋯⋯⋯⋯⋯⋯⋯⋯⋯⋯230

第九二回　江右王門（二）聶豹：良知者，虛靈之寂體，
　　　　　感於物而後有知⋯⋯⋯⋯⋯⋯⋯⋯⋯⋯⋯⋯⋯⋯⋯⋯⋯233

第九三回　江右王門（三）羅洪先：致良知者，致吾心之虛靜
　　　　　而寂焉⋯⋯⋯⋯⋯⋯⋯⋯⋯⋯⋯⋯⋯⋯⋯⋯⋯⋯⋯⋯⋯236

第九四回　泰州王門（一）王艮：百姓日用條理處，即是聖人
　　　　　之條理處⋯⋯⋯⋯⋯⋯⋯⋯⋯⋯⋯⋯⋯⋯⋯⋯⋯⋯⋯⋯239

第九五回　泰州王門（二）羅汝芳：赤子之心，渾然天理⋯⋯⋯242

第九六回　劉宗周：善知惡之知，即是好善惡惡之意，
　　　　　即是無善無惡之體⋯⋯⋯⋯⋯⋯⋯⋯⋯⋯⋯⋯⋯⋯⋯⋯245

第九七回　黃宗羲：理也，氣也，心也，歧而為三，
　　　　　不知天地間祇有一氣⋯⋯⋯⋯⋯⋯⋯⋯⋯⋯⋯⋯⋯⋯⋯248

第九八回　王夫之：氣隨習易，而習且與性成也⋯⋯⋯⋯⋯⋯⋯251

第九九回　顏元：以孔孟矯正宋明儒⋯⋯⋯⋯⋯⋯⋯⋯⋯⋯⋯⋯254

第一百回　戴震：血氣者，天地之化。心知者，天地之神⋯⋯⋯257

第一回
巫覡與原始宗教：中國思想的起源

「巫覡」是古代一種特殊的職業人物，他們往往具有異於常人的先天體質或特殊能力，能夠擔任人神或人鬼之間的溝通橋樑，並作為超自然對象在人間代言人。除了溝通神人之外，許多巫覡也擁有靈魂離體的神遊技術，也就是他們的魂魄或精神意志可以暫時離開血肉之軀，自由移動到其他的空間。而溝通天人和靈魂神遊其實也是互為表裡的兩種能力。

古今中外各主要文明都經歷過原始宗教的階段，而在各種原始宗教像巫覡這樣能與超自然或「至上」對象溝通的異能人士，皆是整個宗教組織或是氏族社群中不可或缺的靈魂人物，甚至還兼任整個族群的軍政領袖。我們以上古三代中的商代為例，據知名人類考古學者張光直先生認為，商代巫覡最重要的工作就是「貫通天地」、「溝通神人」，而他們最常使用的通天工具和路徑，經過他研究整理後歸結出以下幾種方式：

（一）山

（二）樹

（三）鳥

（四）特殊動物

（五）占卜

（六）儀式與法器

（七）酒、藥物、特殊食物

（八）樂舞

　　通天的工具不但有自然事物也有人造事物，而他們之所以會被視為通天工具，張光直先生有詳細的原因分析。例如雄偉的名山和巨聳的大樹，古人認為他們的高度都與崇高的上天接近，因此可以協助凡人將訊息給上天。而「鳥」被古人認為是可以將訊息傳達給上天的使者，當然是因為鳥具有在天空飛翔的能力，所以讓古人有這樣直覺的聯想。而除了鳥之外，張光直先生曾討論過「動物」在巫覡文化中的重要地位，許多特殊的「動物」往往是巫覡的助手或伙伴，因為他們被古人認為具有一種神祕性的力量，可以協助巫者打開通往上天的捷徑。像這種具有重要象徵意義的原始觀念，就變成後世許多動物崇拜的起源。

　　雖然上古夏商周三代文明裡到底有多少巫覡文化的成份，學者們到目前為止還有不少的爭論。但巫覡文化曾在中國上古社會中擁有重要的地位，這樣的看法已是學界普遍的共識，近世許多針對先秦或上古的文史哲研究也是以此論為基礎，認為中國上古思想中許多基原性因素或特質，就是來自於遠古巫覡文化的遺存。例如在後世中國傳統思想中，「上天」一直被多數思想家視為最高存在本體或最終極的價值來源依據，這樣的背景顯然與巫覡文化有密切的淵源。

　　戰國時期的南方楚國，還保留了濃厚的巫文化傳統，而大家所熟的楚辭作者屈原，他不但具有楚國貴族的身份和血統，而且極可能也是一位掌握溝通神人和靈魂神遊技術的巫覡。

　　《楚辭·離騷》就記錄了兩次屈原靈魂神遊的經驗，這兩次的神遊皆有不少巫覡元素在其中，這與商代的巫文化有不少傳統上的親緣關係。（如下圖）

	出發前求教對象（巫覡）	占卜工具	協助昇天的特殊動物	目的地
第一次靈魂神遊	女嬃與重華	無	玉虬、鷖鳥	崑崙山（通天的管道）
第二次靈魂神遊	靈氛與巫咸	藑茅、筳篿	飛龍、瑤象、玉鸞、鳳凰	

貫通天地、溝通神人

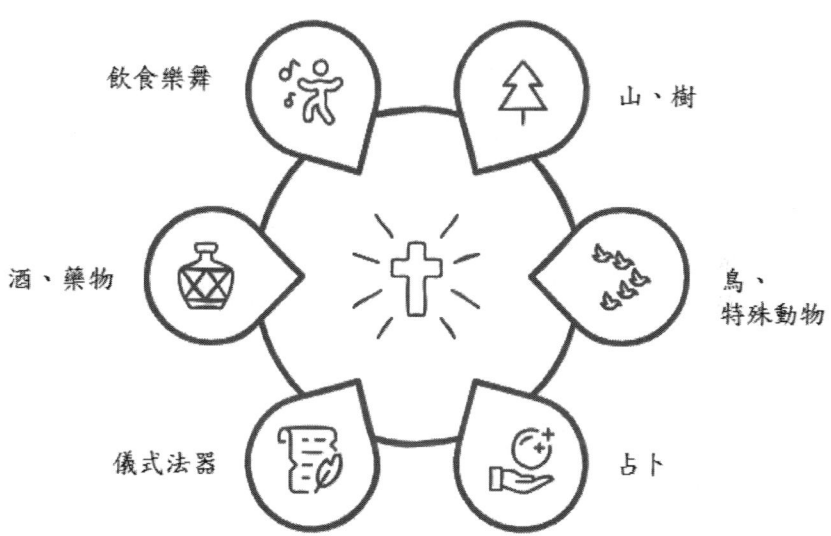

商代巫覡溝通天人的方式和工具

第二回
殷商的文化特質：從「帝」到「天」

　　在中國古代的文獻裡，常將上古時期的「夏、商、周」三個王朝總稱為「三代」，而只要提到「三代」，從孔子以降的歷代儒者幾乎都是一片讚美之聲，例如孔子在《論語・八佾》有云：「周監於二代，郁郁乎文哉！吾從周。」，在《論語・為政》也曾說：「殷因於夏禮，所損益，可知也；周因於殷禮，所損益，可知也；其或繼周者，雖百世可知也。」孔子以為瑰麗的周代文明是承續在夏、商兩代的基礎上而建立起來的，沒有夏、商的前導先行就沒有後來周代的成就。在他的心目中，「三代」就是中國歷史上曾經出現過的「烏托邦」。

　　雖然夏代是中國歷史上第一個出現的王朝政體，不過除少數的古文獻資料外，到目前為止我們對於夏代的認識還很有限，對於其文化形態的掌握也很模糊。不過幸有近代出土的甲骨文之助，我們對於商代文明的瞭解就比較完整。誠如我們在前一節所言，商文明雖保有遠古時期巫覡文化的遺風，但其文明型態早已超越部落社會，具有制度化組織的雛形。從甲骨文資料來看商人的宗教信仰對象很多，但大體上來說以「帝」為中心，如同古史學家郭沫若所言，雖然殷商時代已有「天」字，但甲骨卜辭中仍以「帝」或上帝為至上神。而另一位古史學家陳夢家的看法也類同郭氏，他認為商人沒有以「天」為「上帝」的概念，以「天」為至上神的概念是到了周初才有的。

　　不過於「帝」的身份內容及本質為何？目前學者仍然是聚訟紛紜。「帝」究竟是指一個單一崇拜的對象，還是多神崇拜群體的代稱？以及「帝」的身份到是至上神、自然神還是祖先神？對於這些問

題目前學者都未達成共識,而近世所見的各種出土材料,似乎也可以為各種說法提供佐證。德國哲學家卡西勒就認為人類上古的神話和宗教都起源於原始人對於「生命一體化」和「生命連續性」的崇拜。（請參考卡西勒《人論》）如果依據卡西勒的觀點,我們可知「生命」的「連續性」和「一體化」應該就是構成商人「帝」崇拜的重要內涵,商人的神話和宗教信仰大多據此特質而生。而不管是「帝」對商人來說是天神、地祇還是人鬼（祖先）,都是前代祖先生命的延續。而這種崇敬祖先的習俗也就成為後來中國文化的深層結構之一,其觀念如仍深植在當代所有華人社會之中。

甲骨小知識

1. 目前所知年代最早成體系的中國文字,是現在要瞭解殷商文化最重要的資料。
2. 商人將問卜結果刻寫在龜甲或獸骨上所使用的文字,所以又稱為「卜辭」。
3. 清末翰林進士王懿榮（1845-1900）是現在公認甲骨文的最早發現者,並且開始大量收購保存。

甲骨四堂（早期骨文研究的四位重要學者）

1. 王國維,晚號觀堂（1877-1927）
2. 郭沫若,字鼎堂（1892-1978）
3. 董作賓,字彥堂（1895-1963）
4. 羅振玉,號雪堂（1866-1940）

第三回
周代的封建文明：敬德與天命

周人的姓氏為「姬」，是興起商末興起於中原西北方（約是現今的甘陝地區）的一個農業民族，在與商人正式決裂對抗之前，周人在政治上原為效忠殷王的臣民。在周文王的時代雖然名義上仍臣服於商人，但是卻積極開拓領土、擴張勢力。而武王繼承了文王的功業，帶領著西土的臣民及同盟部族正式向殷商宣戰，最後武王與他的聯軍擊敗了殷商末代統治者——紂王，不但成為天下諸侯之長，也開啟了周王朝的時代。

周人之所以能取代殷商統治天下，除了殷主離心離德的作為給予他們可趁之機外，更重要的是，在心理上周人堅信他們的討殷之舉是奉「天命」而行，在宗教和政治上有絕對的正當性。如《尚書・泰誓》所云：「皇天震怒，命我文考，肅將天威，大勳未集。」、「商罪貫盈，天命誅之。」這就是周人「天命觀」的起源，而「天命」也就成為周人宗教與倫理信仰的重要支柱。當代的知名學者徐復觀先生就以道德自覺的人文主義觀點來重新詮釋周人的「天命觀」，他認為周人從天命裡所感受到的不僅是的服從與畏懼，而是領悟出自我對道德負有絕對責任的「憂患意識」（請參考徐著《中國人性論史：先秦篇》）。而除了天命觀之外，周人還發展出「敬德」的觀念。「德」原是指一種宗教上的神聖屬性，但周人將「德」的內涵轉換成一種道德規律，如《尚書・蔡仲之命》所云：「皇天無親，唯德是輔。」因為我周人今日有「德」，所以今天得以受上天眷顧，取代殷商統有天下。所以，不管是「天命」還是「德」，都從原本的宗教原始義漸漸

被周人抽換了內蘊，成為一種人文主義化的道德戒律。而這也成為周人文化精神的代表。

武王在克殷之後辭世，由其幼子文王即位，其弟姬旦（周公）攝政。而為監視東方殷遺民而設置的三監（管叔、蔡叔、霍叔）聯合紂王之子武庚發難抗周，周公不但親自率兵東征平亂，東方的亂事結束之後周公重定封國，確立了周代政治秩序的基本格局——「封建」及「宗法」制度。相傳周公還親自「制禮作樂」，建立了一整套供貴族群體所奉行的文化禮儀及生活秩序，而周人的禮樂制度在本質上就是一套以維繫貴族尊卑關係為目的的系統化規範。而「禮樂」不但成為宗周文明最重要的文化表徵，也是撐持起封建制度最重要的支柱。

清末著名學者王國維（1877-1927）論殷代和周代制度之不同

1. 殷人無嫡庶之制，傳位是兄終弟及，弟終再傳子，到了周人開始立子立嫡之制。
2. 周人由立嫡之制衍生建立一套以「親親」和「尊尊」為核心的宗法制度，所有貴族都須嚴格遵守。
3. 周人建立同姓不婚之制，主要目的之一是要透過婚姻聯結異姓諸侯。

第四回
新思潮的誕生：
從王宮之學到諸子之學

　　西元前七七一年，部份諸侯與犬戎聯手攻入周的首都鎬京，周幽王和太子伯服死於亂軍之中。戰爭結束之後諸侯擁立之前被幽王所廢的太子宜臼為周平王，因為鎬京已經殘破不堪，在晉國及鄭國的支援之下，周王朝將政治中心從鎬京遷雒邑。經歷了戰亂的消耗和遷都的折損，周王室已經失去了原有可號令天下的軍政實力，以封建制度為經緯的政治格局因此開始發生動搖，這也開啟了歷史上的春秋時代。

　　而思想發展方面，在身份階級嚴密的封建體制之下，位於族群金字塔頂端的貴族和巫祝史卜（神職人員），長久以來不但是思想的掌握者，更是知識的壟斷者。我們可以把這個時期的知識思想概括稱之為「王宮之學」，因為菁英階級的貴族同時獨佔了有知識資源和政治權力。但隨著封建體制發生鬆動，許多原本擁有土地和頭銜貴族，因為種種原因被迫淪降為平民，他們原本所擁有的知識也隨著他們的離散而開始流傳入平民社會，並且在傳播的過程中發生了質變及量變，獨立發展出新的思想體系。這就是春秋時代以後，「諸子百家」蓬勃發展的社會土壤和歷史背景。當代哲學名家牟宗三就認為，先秦諸子百家之所以興起，都是緣於「周文疲弊」的歷史因素。所謂的「周文」是泛指西周封建社會的文化思想及政教制度，雖然「周文」曾經是鞏固封建社會的基石，不過一但當這個思想體系無法再發揮維繫秩序及安定人心的功用時，天下有識之士就開始另謀解決之道，紛紛積極提出自家的辦法和良策。而這些辦法和良策後來也就逐漸壯大成一

個個獨立的思想團體和學派,並在這個時期發出了撼動歷史的聲音。

因此,在東周時期中國思想界最劃時代的轉變就是王官壟斷知識的局面走入歷史,諸子百家蠭起並作,彼此之間展開了激烈的論辯和競爭。西漢大史學司馬遷的父親司馬談在〈論六家要旨〉一文中,將諸子思想分為「陰陽」、「儒」、「墨」、「名」、「法」、「道德」六大家。而東漢的著名學者班固則在《漢書‧藝文志‧諸子略序》中,將東周時期諸子百家中具代表性的十家提列出來討論,即是「儒家」、「道家」、「陰陽家」、「法家」、「名家」、「墨家」、「縱橫家」、「雜家」、「農家」、「小說家」。班固以為小說家僅「街談巷語,道聽塗說者之所造」,所以他認為「其可觀者九家而已」,這也是後來「九流十家」一語的由來。當然,以那個時期各種思潮的蓬勃發展情形來看,當時活躍於天下的學派絕對不只司馬談所論六家,或是班固所論的十家,這些分類都漢代學者的整理歸類的結果,不見得能反映真實情況。不過由此我們也可見出,東周時期在政治上雖然長期處於紛亂,但是卻刺激了各種多元思想的解放與誕生。

兩漢以前學者對先秦諸子百家的評論和分類如下:

戰國時期	西漢時期	東漢時期
《莊子‧天下》和《荀子‧非十二子》	司馬談〈論六家要旨〉	班固《漢書‧藝文志》
最早評論諸子學術的文獻(但是皆沒分類)	將諸子分成六家陰陽家、儒家、墨家、名家、法家、道德家(最早的分類)	依劉歆的〈諸子略〉,將諸子分為儒、道、陰陽、法、名、墨、縱橫、雜、農、小說十家

司馬談和班固的分類只是整理歸類的結果,不見得能反映先秦學術的真實情況,也不代表諸子的自我認同態度。

第五回
孔子和原始儒學：
我欲仁，斯仁至矣

　　孔子不但是春秋時代第一個平民教育家，更如同國學大師錢穆先生所言，他實乃原始儒學和「諸子之學」的開創者。孔子促成了教育的普及化，打破了貴族壟斷教育資源的特權，也間接開啟了百家爭鳴的思想盛況。據司馬遷在《史記・孔子世家》中的記載，孔子名「丘」、字「仲尼」，出生在魯國昌平鄉的陬邑。但他的祖先是宋國人，叫孔防叔。孔防叔生伯夏，伯夏生了叔梁紇。叔梁紇在垂暮之年與顏氏少女「野合」而生孔子，因為剛出生時頭頂有一塊陷下去的凹洞，所以就給他取名叫「丘」。孔子雖然繼承了貴族的血統，不過他們家庭的經濟情況早已與一般庶民無異。他自幼生活艱辛，全苦讀自修來累積知識，初次的從是在魯國，曾先後擔任「司空」、「司寇」等官職，後來與魯君意見不合離開魯國，展開了他與弟子的「周遊列國」之旅，十四年間輾轉於衛、曹、宋、鄭、陳、蔡、葉、楚等地均未獲重用。晚年他重回魯國定居，並致力於教育及古代文獻的整理工作。

　　我們從《論語》一書可知，「仁」和「禮」是孔子思想的兩大主軸。「仁」是孔子思想的理論基礎，簡單來說「仁」就是一種對各種美善價值和道德觀念，會引發主動追求意圖的內在根源力量。孔子以為「仁」是不分階級貴賤在於每個人的心中，所以將仁的價值踐履於生命之中，是吾人不能逃避的責任和義務。「禮」原是指周代封建社會下規範貴族生活的各種外在制度和節儀，但孔子將「禮」的轉化成

一種秩序性和文明性的概念,是上至君王下至匹夫每個人都須遵守的法則。而在孔子看來「禮」不只是僵硬的制度和規則,必須以「義」作為其實踐的依據和內涵。所謂「義」是指具有正當性或合宜、合適理念的行為實踐。而「義」之所以會存在,就在於人人心中皆有「仁」,因為仁心之外發,所以我們可知何者為義,何者為不義。因此,「仁」、「義」、「禮」在孔子思想是一套由內到外、上下貫通的體系觀念。而這些觀念也為後來儒家學說的發展,奠定了初步的理論基礎。孔子一生以恢復周代的文化傳統為己任,但他在思想史上的最大意義,就是重新詮釋了「周文」傳統,並賦予了「周文」與時俱進的全新意義。

孔子思想的兩大主軸:「仁」與「禮」

	仁	禮
內涵	普遍於每個人內在的理性意識	放諸四海皆準的外在文化秩序
實踐舉隅	1.子曰,志於道,據於德,依於仁,游於藝。(《論語·述而》) 2.孔子曰:能行五者於天下,為仁矣。」請問之。曰:「恭、寬、信、敏、惠。恭則不侮,寬則得眾,信則人任焉,敏則有功,惠則足以使人。」(《論語·陽貨》)	1.子曰:「非禮勿視,非禮勿聽,非禮勿言,非禮勿動。」(《論語·顏淵》) 2.林放問禮之本。子曰:「大哉問!禮,與其奢也,寧儉;喪,與其易也,寧戚。」(《論語·八佾》)

第六回
孔子弟子及其後學：
「孔門四科」與「儒分為八」

　　孔子晚年專注投身於教育事業，培養了無數的弟子學生接續他的學術事業。據《史記・孔子世家》所記載：「孔子以詩書禮樂教，弟子蓋三千焉，身通六藝者七十有二人。」如依司馬遷記述來看，說孔子身後桃李滿天下並不為過，而且這些學生不但繼承了孔子的思想精華，也在此基礎上繼續推陳出新、演繹闡釋，將孔子所開創的儒家學派帶上更多元的發展道路。

　　其實早在孔子身前，曾追隨他周遊列國的弟子群，就已經有學術分流的傾向了。如孔子在《論語・先進》裡就有提到：「從我於陳、蔡者，皆不及門也。德行，顏淵、閔子騫、冉伯牛、仲弓。言語，宰我、子貢。政事，冉有、季路。文學，子游、子夏。」可見連孔子本人都已察覺到，這些弟子早在從學於他本人時，就已開始依自己的性向及興趣，發展培養獨特的知識或技術專長。這些擁有不同興趣及專長的孔門弟子，在孔子之後則一一開枝散葉、成宗立派，發展出各具特色的儒家學說。而戰國時期的思想家韓非也在《韓非子・顯學》裡說孔子死後「儒分為八」。雖然從古至今學者對於韓非的說法多有存疑，也很難從文獻中找出明確的分流線索。但我們透過韓非的說法可以間接證實，到了戰國時期儒家學派的發展已經非常豐富多元，並非我們後世所想像的「一脈相傳」或「定於一尊」。

　　孔子之後儒家學派最著名的代表人物非孟子莫屬，可是孟子出生

的年代上距孔子至少有一百年之久。照理說在這一百年之間孔門後學應該人才輩出、頭角崢嶸才是，但過去我們對這段時間的儒家思想發展情況，所知卻極為有限。所幸近世以來地不愛寶，西元一九九三年十月中國湖北省沙洋縣紀山鎮郭店一號楚墓內，出土了一批竹簡文獻，經整理後於一九九八年公布，現在這比竹簡被通稱為「郭店竹簡」或「郭店楚墓竹簡」，現藏於湖北省博物館內。經專家考證郭店楚簡被抄寫成書的時間，應該不會晚於公元前三百年，大約相當於戰國中期並且介於孔子和孟子的生活年代之間。「郭店楚簡」共八百零四枚、一萬三千餘字，經校讀整理後分為十八篇，包括了先秦時期的儒家和道家典籍著作。這批出土文獻補足了過去我們對於孔、孟之間發展認識的部分空白，對於先秦思想史的研究具有重要的價值和意義。

孔門四科（見《論語・先進》）

孔門後學多元發展的開端			
德行	言語	政事	文學
顏淵、閔子騫、冉伯牛、仲弓	宰我、子貢	冉有、季路	子游、子夏

儒分為八（見《韓非子・顯學》）

孫氏之儒	樂正氏之儒	子張之儒
子思之儒	孔子死後「儒分為八」	顏氏之儒
孟氏之儒	漆雕氏之儒	仲良氏之儒

第七回
孟子：四端之心與仁政王道

　　孟子，名軻，是戰國時期的重要儒者，據考生卒年為西元前三七二年至前二八九年。《孟子》一書是他晚年和萬章等弟子所共同完成的著作，也是我們瞭解孟子本人和其學派的思想最重要的資料。據《史記・孟子荀卿列傳》的記載，孟子是鄒國人，他曾追隨孔子的孫子－子思的弟子學習。當學有所成之後，他也如同孔子周遊列國，希冀能有所發揮。他首先去遊說齊宣王，但齊宣王並沒有任用他。後來到了他又到了魏國，當時的魏國的惠王不但不採納他的主張，還認為他的主張不切實際。畢竟孟子卻總是在國君面前稱述唐堯、虞舜以及夏、商、周三代的德政，和其他學說相較之下顯得迂闊許多。

　　孟子學說中最為人所熟知的就是他的「性善說」，但是孟子的性善說並不是本質論的定義，而是強調普遍存在於人心中的內在理性和道德主體，此主體不但是道德自覺之所從出，更是道德價值存在的保證。因此，每個人不分階級的貧賤富貴，都先天擁有「四端之心」，如《孟子・公孫丑上》所云：「惻隱之心，仁之端也；羞惡之心，義之端也；辭讓之心，禮之端也；是非之心，智之端也。人之有是四端也，猶其有四體也。」此四端之心即是道德意識的根源，更是吾人進行道德判斷的最基本準據。這就是孟子心性論的大意，而且孟子的倫理學也充滿了意志倫理的傾向。

　　孟子的政治學說和對當時政治問題的看法，有部分就是其心性思想的延伸和發揮，就如孟子所云：「人皆有不忍人之心。先王有不忍人之心，斯有不忍人之政矣。」而著名的「義利之辨」也同樣如此。

他在游說梁惠王時強調,治國應該從義不從利,而義、利的判斷準則就來自於治國者的道德自覺。另外他的政治主張則充滿了濃厚的民本色彩。例如孟子主張「仁政」和「王道」,認為治國的成敗取決於民心的認同與否,因此他竭力呼籲統治者莫忘「保民而王」、「仁者無敵」的鐵律。而孟子也是先秦儒家學者,首先針對政權轉移問題提出意見的人。孟子根據自古以來的歷史教訓以為,政權轉移的成因和原理也是與民心向背密不可分。因此,孟子也就成為最早提出「革命權」的中國古代思想家,例如他強調「聞誅一夫紂矣,未聞弒君也」、「君有大過則諫;反復之而不聽,則易位」,不但是人民反抗暴政的信念依據,更是制衡獨夫最重要的思想武器。

孟子的「四端之心」(一切文化價值的起點與根源)

惻隱之心	羞惡之心	辭讓之心	是非之心
仁之端也	義之端也	禮之端也	智之端也
道德自覺的源頭	行為規範的動力	社會秩序的源頭	明善去惡的源頭

第八回
荀子：人之性惡，其善者偽也

　　荀子，名況，被當時人尊稱為「荀卿」，是戰國時期繼孟子之後最重要的儒家代表人物，不過其生卒年現在已經難以確考，如據清代學者汪中的考證，荀子一生的重要活動，主要集中在趙惠文王元年（西元前298年）至趙悼襄王七年（西元前238年），這段約莫六十年的時間裡。據《史記・孟子荀卿列傳》的記載，荀子是趙國人，五十歲的時候才到齊國來遊說講學，在齊襄王時期「最為老師」，用現在的話來說，就是最資深的國家顧問。大概也是因此遭忌，荀子後來就因為讒言的陷害離開齊國赴楚，楚國的春申君任命他為蘭陵令，後半生也就在楚國從事著述教學直到終老。就如同孟子留下《孟子》一書，荀卿也留有《荀子》一書作為我們瞭解他思想的參依據。

　　孟、荀這兩位戰國大儒者的學說常被拿來做對照比較，例如「性善」、「性惡」之對舉就是一例。荀子曾在《荀子・性惡》中批評孟子的「性善說」，認為「人之性惡，其善者偽也」。不過如果我們詳析荀子的「性惡說」會發現，荀子並不是從本質論觀點認定人天生有為惡的動機，而是從生物本能（慾望）的角度來界定人性，認為如果沒有對人的生物性本能做適當的規範，就會產生不良或超出適當狀態的結果。可見孟子的人性是從道德自覺來立說，而荀子的人性則是生物本能（慾望）的代名詞。

　　其實孟、荀之爭代表了儒家學說在戰國時期的兩股分化趨勢，這兩股趨勢是各自繼承孔子思想的不同面向發展而來的。孟子繼承了孔子思想中的「仁義」之說，強調道德知識的主體性，主張以價值自覺

來維繫倫理。而荀子則繼承了孔子思想中的「禮義」之說，強調道德知識的客觀性，主張以外部規範來重建倫理。因此荀子大聲疾呼要「隆禮義而殺詩書」、「法後王，統禮義，一制度」，皆是盼望透過師法教化的「化性起偽」，來達到由外而內的改造人心之功。

荀子否定人心的自律能力，主張以他律倫理來收治本之效，也無怪乎其門人弟子韓非、李斯，後來會走上教導人君以術治國的法家之路。不過荀子思想登上歷史舞台實屬歷史的必然，這象徵了儒家思想的制度化及功效化，因為唯有以客觀態度面對經驗世界的種種問題，才有機會將儒家的核心精神在社會上加以實踐。依此層面來看，荀子對儒學之推展有其重要非凡的歷史貢獻。

孟子和荀子倫理觀念的比較

	孟子	荀子
人性論	性善論：四端之心	性惡論：好利惡害
政治論	仁政：法先王	禮治：法後王
工夫論	養氣踐形	化性起偽
教育論	求其放心	師法隆禮

第九回
老子：無為而無不為

　　老子可說是先秦時期最神祕的思想家之一，據說是由他所著的《老子》一書，不管是在學術地位和文化影響性上，一點都不亞於孔子的《論語》。雖然老子的思想和聲名如此顯赫，但其實就連漢代人對他的生平都一知半解。《史記‧老子韓非列傳》記載說老子是楚國苦縣厲鄉曲仁里人，姓李，名耳，字聃，曾做過周朝掌管藏書室的史官。不過司馬遷在同篇中又提到一位與孔子同時的「老萊子」，以及在孔子逝世後百二十九年的周朝「太史儋」，懷疑這兩位也可能是世傳的老子本人。但他自己也不能確定，甚至明白地說：「或曰儋即老子，或曰非也，世莫知其然否。老子，隱君子也。」可見連司馬遷都無法確認老子本人的身份，只能含糊的說老子是一位隱者。

　　今本《老子》或有晚期的文字摻入，但透過近世地下出土文獻的證明，此書大體上來說是春秋時期的著作無疑。老子的思想是以「道」為核心，所謂的「道」簡單來說就是世界萬物形上之本體，其變化之規律即是萬物變化之規律。《老子》二十五章是如此形容「道」：「有物混成，先天地生。……吾不知其名，字之曰道，強為之名曰大，大曰逝，逝曰遠，遠曰反。」因為道不是經驗世界的對象，是超越世界的存在，所以「先天地生」。而從「逝、遠、反」這三種狀態來看，道具有「正反相成」（反）及「返本復初」（返）的本能，這不僅是道的運作規律，也是世界萬物運作的規律。所以第十六章云：「萬物並作，吾以觀復。夫物芸芸，各復歸其根。」由此可知，老子何以能窺察出道的本性和規律，是因為透過觀察自然萬物的現象變化（觀復）

領悟而出。

　　老子的工夫論、人生觀及政治觀，就是道之本性的延伸和道之規律的應用。在工夫論上，老子強調「損」的精神，所謂「為學日益，為道日損。損之又損，以至於無為。」唯透過捨斷才能回歸道之本初，過多的人為造作，只是不斷拉遠本我與道的距離。在人生觀上老子主張「無為」以及「柔弱勝剛強」，無為不爭看似退怯，但依「反」及「損」之規律來看，不爭之爭方是致勝之道。在政治上老子反對人為的干涉教化，認為最好的治理方式就是「不治之治」，所以他主張「小國寡民」、「常使民無知無欲」、「為無為則無不治」，因為不必要的人為干預，反而會阻礙「道」的運作。

老子的「守柔（弱）」之術是道性「返本歸根」的應用與發揮

1. 將欲歙之，必固張之；將欲弱之，必固強之。（《老子・第三十六章》）
2. 人之生也柔弱，其死也堅強……強大處下，柔弱處上。（《老子・第七十六章》）
3. 天下莫柔弱於水，而攻堅強者莫之能勝，其無以易之。（《老子・第七十八章》）

第十回
莊子：
天地與我並生，萬物與我為一

　　如果老子是先秦時期最神祕的思想家，那麼莊子可說是先秦時期最迷人的思想家了。據《史記・老莊申韓列傳》所載，莊子是蒙地人，名周。他曾經擔任過蒙地管理漆樹園的小吏，和梁惠王、齊宣王是同一時代的人。莊子的學識淵博、涉獵極廣，而且「其學無所不闚，然其要本歸於老子之言」。司馬遷明白點出老莊在思想上的密切關係。而今本《莊子》分內篇、外篇、雜篇三大部分，是由漢代學者搜羅校理而成，內篇年代較早、外雜篇的年代較晚，應該是莊子本人及後學的集合性著作，代表整個莊子學派的思想。

　　莊子論「道」是承續老子道說的發揮延展，莊子在〈大宗師〉中論道有云：「夫道有情有信，無為無形，可傳而不可受，可得而不可見，自本自根，未有天地，自古以固存。神鬼神帝，生天生地。在太極之先而不為高，在六極之下而不為深。先天地生而不為久，長於上古而不為老。」從這段話我們可知，莊子以為道是一種超越時空的真實存在，無法用經驗語言來加以形容定義，而自給自足自化自生，不但是整個世界的根源，也是世界存在的第一因。不過我們如果仔細論究會發現，老子偏向強調道的規律義，而莊子則偏向注重道的活動義及變化義。這從莊子論道、氣關係可見出。

　　莊子的宇宙論以「氣」為基礎，氣是宇宙萬物的存在基礎與本質，道、氣之間是一種互為表裡內外的動態生化關係。道之動即為純氣之動，純氣之動而生陰陽天地，天地生化萬物。因為萬物為氣之所

化，所以氣理當為萬物共通之基底，因此不管是莊周夢蝶還是蝶夢莊周，兩者皆是氣之所生，當然也就可以藉由氣之動來互通互化。以此推衍萬物之間皆然，這也是莊子大倡「天地與我並生，而萬物與我為一」之說的理論根柢。

以上僅舉莊子思想之大要而言，如同〈天下〉篇中莊子的自評所云：「其於本也，宏大而辟，深閎而肆；其於宗也，可謂稠適而上遂矣。」《莊子》一書裡還有蘊藏了廣大的思想寶藏，等待著後人去詮釋闡揚。但是莊子在這千百年來讓無數知識分子對其悠然神往，最大的關鍵並不在於他奧深玄妙的義理思想，而是莊子透過追求精神自由過程中所展現的絕頂修辭及美學境界，皆成了一個個讓人迷醉忘返的奇景瑰夢。

莊子論「道」的性質

1. 超越時空及感官經驗之外
2. 不可言說而得，無法用語言來定義
3. 世界的根源（第一因）
4. 具有「創生」的功能

莊子的動物寓言故事

1. 鯤化為鵬（〈逍遙遊〉）
2. 泥中神龜（〈秋水〉）
3. 偃鼠飲河（〈逍遙游〉）
4. 鵷鶵與鴟（〈秋水〉）
5. 呆若木雞（〈達生〉）

第十一回
墨子與墨徒：功利主義的奉行者

　　墨徒（漢人稱「墨家」）是戰國時期一群特別的團體組織，相傳墨徒的創立者是墨子，名翟。司馬遷沒有單獨為墨子立傳，僅在《史記‧孟子荀卿列傳》裡有簡略記載，據清代學者孫詒讓的考證，墨子的生卒年大約在西元前四六八年至前三七六年之間。因為缺乏史料的記錄，自古以來對於墨子的身份背景一直以來都說眾紛云，關於他的籍屬有宋人、魯人、楚人等說法，甚至近代有學者主張墨翟非中原人士，是來自域外的西亞或印度人士。《孟子‧滕文公》篇曾云：「楊朱、墨翟之言盈天下，天下之言，不歸於楊，即歸墨。」至少從孟子之言我們可知，在戰國時期墨家已經是顯學，而墨徒也在當時非常活躍。墨翟不但創立了墨家，而且有《墨子》一書傳世，是我們目前瞭解墨家思想的最可靠依據，但此包含了墨家前、後期的思想。前期思想主要是墨翟本人對當政治、社會、文化⋯⋯等問題的看法，而後期思想可統稱為「墨辯」，是墨家的後期門徒對於知識及語言問題的看法。

　　墨翟的社會思想強調要「兼愛」及「非攻」，認為社會之亂起源於人與人之間不相愛，因此主張人與人要無差別的友愛對方，並反對互相傷害攻伐，以維護天下秩序的和平。而其文化及宗教思想則主張「非命」、「非樂」、「節葬」、「節用」、「明鬼」等，很多都是從儒家的對立面而發。在政治上則強調的絕對的權威主義，如「尚賢」、「尚同」、「天志」，認為天下人如皆服從同一個標準及對象，就不會發生秩序混亂的問題。墨翟這些主張的共同基礎就是「交相利」的倫理

觀，墨子以「現實功利」作為價值取捨判斷的唯一準衡，因此從政治、社會到文化思想，就難免有權威主義的傾向。墨子這種功利主義風格還表現在他驗證事物價值的方法上，例如有名的「三表法」。

所謂的「墨辯」是指《墨子》書中的〈經〉上、〈經〉下、〈經說〉上、〈經說〉下、〈大取〉、〈小取〉六篇文獻，作者應該是墨家的後學。其中內容以邏輯問題及語意概念的探討為主，其部分內容還涉及簡單的科學技術。不過「墨辯」終未能在中國思想裡灑下現代科學的種子，除了墨徒在入秦之後幾乎消失於歷史舞台外，墨家過份強調實效的功利主義態度，其實與「為知識而知識」的現代科學精神是相背離的。

墨子驗證事物價值的方法

三表法		
本之者	原之者	用之者
上本之於古者聖王之事	下原察百姓耳目之實	發以為刑政，觀其中國家百姓人民之利
歷史事實	感官檢驗	實際功效

第十二回
韓非子：法家思想的集大成者

　　韓非的生卒年約在西元前二八一年到西元前二三三年之間，據《史記‧老莊申韓列傳》的記載韓非原來是出身韓國的貴族，雖然先天有口吃但卻善於著述，他和李斯一同拜於名儒荀子的門下。韓非觀察古往今來的歷史得失，因而寫了〈孤憤〉、〈五蠹〉、〈內外儲〉、〈說林〉、〈說難〉等十餘萬字的著作。部份著作流傳到秦國，秦王讀後非常欣賞，透過李斯才知道這些著作都是出自老同學韓非之手。後來秦國急攻韓國，韓王只好派韓非出使秦國。本來韓非有機會藉此大展鴻圖，但沒想到李斯害怕自己被取而代之，因此將之構陷下獄最後枉死獄中。韓非滿懷希望來到秦國，但最後卻是如此下場，不禁令人唏噓。韓非身後的著作被漢代學者整理成《韓非子》一書，是我們現在瞭解韓非及先秦法家思想最重要的文獻。

　　韓非是先秦時期「法家」學派的代表人物，但先秦法家的「法」雖然有法律或律令之意，但其內涵跟現代民主國家所重視的法治精神相去甚遠。先秦法家的核心目的是如何運用各種技術強化君王的集權的統治，並且同時將國家帶往強兵富國之路。在韓非之前歷史上已經出現過許多有法家性格的先驅人物，例如「主法」的商鞅、「主勢」的慎到以及「主術」的申不害等，而曾經輔佐齊桓公尊王定霸的管仲，更被認為是法家之祖。不過就如同韓非在《韓非子‧定法》中所言，商鞅之「法」與申不害之「術」都是治理國家的重要手段，兩者缺一不可。但韓非卻認為「二子之於法術，皆未盡善也」，這背後的涵義就是過去這些法家先驅，他們的思想都僅得一偏，唯有我韓非才

是法家思想的集大成者。

韓非是一個徹底的功利主義者，但他的功利目標不像墨子是為了維護世界和平，也不像儒家是要建立仁治的大同世界，一切都是為了鞏固君王的絕對權威，以及建立一個軍事政治上的超級強國。所以各種有利於達到這兩個目標的手段，韓非都認為值得君主善加利用。韓非可說是中國古代第一個揭示政治是以「權力」為目的的思想家，這種毫不掩飾赤裸野心的論述語言，讓古往今來無數的統治者「雖不能至，心嚮往之」。韓非雖然有志難伸不幸隕命於秦國，不過秦國後來的國策卻是韓非思想最具體的實踐。

韓非之前的法家三派如下：

重術	重法	重勢
因任而授官，循名而責實，國君要掌握統治群臣的技巧	憲令著於官府，刑罰必於民心，國君要善用明確的法令統治臣民	國君要有讓群臣敬畏的威勢，才能讓臣民俯首
代表人物		
申不害	商鞅	慎到

三派皆是強調國君御臣之術，韓非的法家思想是集三家之大成。

第十三回
公孫龍子與惠施:「苛察繳繞」的名家

在漢代學者對先秦諸子百家的分類中,有所謂的「名家」。司馬談〈論六家要旨〉對名家的評論是:「名家苛察繳繞,使人不得反其意,專決於名而失人情,故曰『使人儉而善失真』。若夫控名責實,參伍不失,此不可不察也。」可見對司馬談來說名家是一門討論名、實關係的學問,但其理路卻往往落入繁瑣纏繞,遠離一般人的常情感受。而班固《漢書‧藝文志》則云:「名家者流,蓋出於禮官。古者名位不同,禮亦異數。孔子曰:『必也正名乎!名不正則言不順,言不順則事不成。』此其所長也。及警者為之,則苟鉤鈲析亂而已。」在班固來看名家似乎是一門討論禮序標準的學問。不過如知名學者勞思光先生所言,「名」之理論在先秦本有「辯者」(如惠施和公孫龍子)和儒學兩派,前者旨趣在形上及邏輯,後者旨趣在道德政治。漢人只曉後者而不曉前者,以致有這樣的誤會產生。

《漢書‧藝文志》記載公孫龍著《公孫龍子》十四篇,不過今本僅存六篇,而其中的第一篇〈跡府〉是後代追述有關公孫龍的生平行跡,其餘五篇則為公孫龍探討形上邏輯問題的作品,也是我們目前瞭解公孫龍思想的主要依據。其中有三個主題最值得注意,分別是「白馬論」、「指物論」和「堅白論」。總括來說,公孫龍主張不同的概念皆獨立自存,並非我們一般的感官所認知。而惠施的著作已不存於世,我們現在對惠施的瞭解多是透過同時代其他諸子對惠施的記錄而

知，最重要者乃《莊子》一書。《莊子‧天下》特別記載了惠施的「歷物十事」，是現存對惠施理論比較完整的記錄。大致來說，惠施擅長客觀的理性辨析，以邏輯來推證天地一體；而莊子則強調主觀的美感交融，以去執來證物我合一。

莊子稱惠施和公孫龍為「辯者」，這似乎比起「名家」一詞符合先秦時期一般人對惠施和公孫龍的看法。而惠施和公孫龍的學說在先秦之後不但缺乏傳承，而且也沒有進一步的發展，荀子在〈非十二子〉中對惠施的批評似乎已經說明了原因：「不法先王，不是禮義，而好治怪說，玩琦辭，甚察而不惠，辯而無用，多事而寡功，不可以為治綱紀。」名家在形上和邏輯的推論縱然繁複精妙，但是太脫離一般人的真實感受，再加上此說缺乏實際的效用，因此難免無法繼續在歷史舞台上發光發熱。

惠施的「歷事十物」

1. 至大無外，謂之大一；至小無內，謂之小一
2. 無厚不可積也，其大千里
3. 天與地卑，山與澤平
4. 日方中方睨，物方生方死
5. 大同而與小同異，此之謂小同異；萬物畢同畢異，此之謂大同異
6. 南方無窮而有窮
7. 今日適越而昔來
8. 連環可解也
9. 我知天下之中央，燕之北，越之南也
10. 泛愛萬物，天地一體也

第十四回
鄒衍：五德轉移與大九州

　　司馬遷父親司馬談在〈論六家要旨〉中將「陰陽家」列為六家之首，並認為是一門探討天地之大本的學問，如其云：「嘗竊觀陰陽之術，大祥而眾忌諱，使人拘而多所畏……順之者昌，逆之者不死則亡，未必然也，故曰使人拘而多畏。夫春生夏長，秋收冬藏，此天道之大經也，弗順則無以為天下綱紀，故曰四時之大順，不可失也。」從司馬談的描述看得出來漢代人對於所謂的陰陽之術既敬仰但又畏懼，以為此術所傳達的是「天道之大經」，但就因為此術所載是萬世不易之道，縱使不能確定其說是否百分之百準確，但如果不小心犯忌，還是會讓一般人心驚膽跳。而《漢書・藝文志》裡所描述的陰陽家也帶有一種令人敬畏的神祕性，如其云：「陰陽家者流，蓋出於羲和之官，敬順昊天，曆象日月星辰，敬授民時，此其所長也；及拘者為之，則牽於禁忌，泥於小數，捨人事而任鬼神。」顯然漢人皆認為陰陽家是一門掌握宇宙知識的神祕學問，就因為超越了人類一般知識的極限，所以很難精準掌握清楚的界線，深怕不小心就會觸碰到「禁忌」而不自知。

　　相傳陰陽之術的創始者是戰國時期的鄒衍，《史記・孟子荀卿列傳》有簡單記載他的生平。鄒衍是戰國末期的齊國人，在孟子之後。他深入觀察世界所有陰陽狀態的消長現象，記錄下萬物玄怪難解，因而寫下《終始》、《大聖》等篇共十餘萬字的著作。除了陰陽之術外，鄒衍最有名的就是五德轉移和大九州說。「五德」就是木、火、土、金、水所代表的五種物質屬性，這五種屬性彼此相剋、復始循環，而

這種運轉模式同時也是宇宙自然和社會人事的基本運作法則。在地理知識上鄒衍創立「大九州說」，他認為儒家所稱的「中國」只不過是全部天下的九分之一，中國其實是其中的「赤縣神州」，赤縣神州被大禹又分為九州。而在中國之外還有八個州，都被大海所環繞，每個州又像中國一樣，又被分九個州。

鄒衍的學說極富想像力且驚人耳目，據司馬遷所言他在齊、魏、趙、燕等國，都受到極高規格的禮遇，幾乎是戰國遊士所能享受到的最好待遇。然而就像《史記》所言：「王公大人初見其術，懼然顧化，其後不能行之。」一般人初聞乍見鄒衍之術都很難不被吸引，但更深入瞭解後才發現內容過於「超現實」，難以在現實生活中落實啊。

鄒衍五德說

《文選注》有引鄒子曰：「五德從所不勝，虞土，夏木，殷金，周火。」另外《史記·秦始皇本紀》：「始皇推終始五德之傳，以為周得火德，秦代周德，從所不勝。方今水德之始，改年始，朝賀皆自十月朔。」所以可知鄒衍的「五德轉移」說是強調「相剋」性，不是「相生」性。

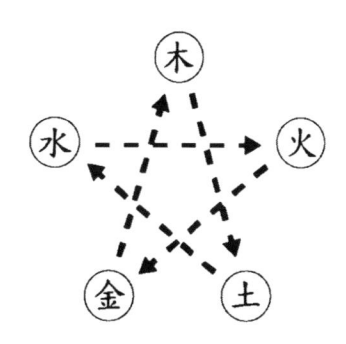

五行相剋圖

第十五回
《易經》與《易傳》：從八卦到十翼

　　《易經》是儒家重要的經典之一，最早源自於古代的占卜活動，簡單來說是一套以陰陽為基礎的符號系統，透過符號的排列來描述世間萬象及其變化的原理，其中有些符號晦澀深奧，富有強烈的象徵意義。《易經》分為《上經》三十卦，《下經》三十四卦，相傳最初的作者是周文王，據《史記・周本紀》所載文王：「其囚羑里，蓋益易之八卦為六十四卦。」但不管作者是否為文王本人，這套符號系統大致是完成於西周時期。

　　與《易經》有密切關係的則是《易傳》，簡單來說是對《易經》這套符號的注解和詮釋，因為共有十篇，所以又被稱為《十翼》。「翼」是指鳥的翅膀，鳥因有翼之助才得以飛翔天際，所以《十翼》的功能是用來闡揚《易經》的微言妙旨。《十翼》包括：一、〈彖上傳〉，二、〈彖下傳〉，三、〈象上傳〉（又稱「大象」），四、〈象下傳〉（又稱「小象」），五、〈繫辭上傳〉，六、〈繫辭下傳〉，七、〈文言傳〉，八、〈序卦傳〉，九、〈說卦傳〉，十、〈雜卦傳〉。所以我們一般常稱的《周易》，是由《經》和《傳》兩部分組成。

　　《十翼》的作者相傳是孔子，如《史記・孔子世家》所言：「孔子晚而喜《易》，序《彖》、《繫》、《象》、《說卦》、《文言》。」基於孔子在知識分子心中具有不可動搖的神聖地位，在宋代以前古人對於司馬遷的說法都深信不疑。直到北宋的歐陽修才在《易童子問》裡首先指出，《十翼》裡多「繁衍叢脞之言」，所以不可能是聖人（孔子）之作。其實《莊子・天運》裡有記錄孔子曾經跟老聃說：「丘治詩、

書、禮、樂、易、春秋六經，自以為久矣。」這段紀錄或許只是虛構的寓言，不是孔子本人的言論。不過由此可見出，至少在戰國末期，《易》已經是儒家門徒在積極研習的重要知識之一。這幾十年來隨著地下文物的出土，現在學界大致認為《易傳》的基本內容不會晚於孟子的時代，而且應該跟孔門有很直接的關係。就算《易傳》不是孔子親作，那也應該是儒家門徒根據孔子或後學的易說所推衍成的。《易經》和《易傳》的內容雖然神祕難解，不過卻對後世學者充滿了吸引力，特別是以儒學立場自命的學者，更是不時借用或引伸《易》的思想原理，來作為證成其說的形上依據。

第十六回
《呂氏春秋》：備天地萬物古今之事

　　西元前二三〇年至前二二一年，秦王政（即後來的「秦始皇」）先後遣兵攻滅了東方的韓、趙、魏、楚、燕、齊六國，原本雄據一方的六國皆成為秦帝國的郡縣，中國歷史也進入了一個新的階段。雖然秦國在消滅六國之前，是以韓非的法家之道為中心思想，達成了富國強兵並進而統一天下的目的，但在新帝國誕生之後，具有濃厚軍國主義色彩的法家思想，似乎就不適合作為建設新帝國的思想指引。而《呂氏春秋》一書就在這個背景之下所誕生的。

　　《呂氏春秋》又稱《呂覽》，是一本成於眾人之手的百科全書式著作，召集作者為秦國宰相呂不韋。據《史記‧呂不韋列傳》所載呂原是一個富商，到趙國做生意時巧遇被秦國派到趙國當人質的秦國公子子楚，呂不韋商人的直覺認為子楚「奇貨可居」，因此開始給予子楚大筆財力上的資助，讓子楚後來得以回國繼任國君，是為秦莊襄王，而呂不韋也因此進入了秦國政治的核心。莊襄王去世後嬴政即位，即是後來統一天下的秦始皇，而呂不韋因此被嬴政封為相國，登上權力的最高峰。呂不韋模仿當時的戰國四公子，招集天下食客三千多人於其門下，並且「乃使其客人人著所聞，集論以為八覽、六論、十二紀，二十餘萬言。以為備天地萬物古今之事，號曰《呂氏春秋》。」

　　《呂氏春秋》一書內容涉及廣博，融合儒、道、名、法、墨、農和陰陽等先秦諸子百家思想於一爐，並且企圖將諸家思想及知識，安排進一個運轉有序、節奏合諧的有機系統裡。呂不韋編輯此書的目的，不只是要「備天地萬物古今之事」，更是冀望為新帝國的政治秩

序及人文秩序，擘畫一個完美的建國藍圖。此書受到戰國陰陽家的影響，以陰陽五行為基礎建造了一個結構統一的宇宙秩序，世間萬物的存在與變化，都可以在這套秩序裡，找到相對應的位置與狀態。而政治的目的，就是要讓所有人的生活方式和生養作息，都符合這套秩序的運轉法則及規範。

雖然秦國是在呂不韋辭世之後才完成統一天下的大業，呂不韋並沒親眼見到新帝國的誕生。不過比起以集中君權為目的的法家思想，充滿了兼融並蓄的色彩《呂氏春秋》顯然更符合新帝國在統治工作上的需要。而「兼融並蓄」也同樣是漢代思想的特色，這無疑是由此書所開啟的先河。

《呂氏春秋》全書結構

全書共分「十二紀」、「八覽」、「六論」三大部分。「十二紀」按四季、十二月份排列，每一紀各有五篇；「八覽」各覽有論文八篇，《有始覽》缺一篇，共計六十三篇子篇；「六論」每論各有六篇，共計三十六篇子篇。如再加上「十二紀」末的《序意》一篇，全書計有子篇一百六十篇。

十二紀				八覽	六論
孟春紀 仲春紀 季春紀	孟夏紀 仲夏紀 季夏紀	孟秋紀 仲秋紀 季秋紀	孟冬紀 仲冬紀 季冬紀	有始覽（缺） 孝行覽 慎大覽 先識覽 審分覽 審應覽 離俗覽 恃君覽	開春論 慎行論 貴直論 不苟論 似順論 士容論

第十七回
黃老之學：與時遷移，應物變化

　　秦始皇雖然在西元前二二一年滅掉齊國，完成了統一天下的計畫，但在他辭世之後他的帝國並沒有維持長久，因為過度動員民力及種種內外原因，秦二世即位後不久六國遺民之後就紛紛起兵抗秦，帝國很快就陷入分崩離析。後來混亂的局面逐漸變化劉邦與項羽之間的雙雄之爭，直到西元前二〇二年劉邦擊敗項羽後，天下才又重新歸於一統。在歷經了長期的戰亂又重新統一全國後，劉邦的治國之策顯然不能再延續秦代的法家之治，必須另外有所調整以適應新局，因此「黃老之學」就成為漢初政治思想的一個指導方針。

　　漢初以前的文獻並沒有「黃老」一詞，這個名詞最早出現在司馬遷的《史記》，司馬遷提到許多不少先秦漢初善修「黃老之術」或「黃老言」的學者。就連他的父親司馬談也自稱「受易於楊何，習道論於黃子」，可見司馬談也是孰習黃老術的學者之一。所謂的「黃」是指黃帝、「老」是指老子，簡單來說是一套以道家思想為理論及哲學基礎，然後結合陰陽、儒、墨、名、法……等各家之所長的學術體系。政治上，黃老之學和法家一樣有濃厚的現實主義色彩，認為君王應該運用各種手段來集中權力、穩定秩序，但是一切方針應以清靜無為及與民休養為原則。司馬談在〈論六家要旨〉中描述「道家」有云：「道家使人精神專一，動合無形，贍足萬物。其為術也，因陰陽之大順，採儒墨之善，撮名法之要，與時遷移，應物變化，立俗施事，無所不宜，指約而易操，事少而功多。」司馬談所指的道家已非原始的老莊思想，而是一種以道論為基礎、黃老為指名的新學說。

過去學者對於黃老之學的認識僅能從《史記》等漢初文獻裡，抉尋蛛絲馬跡的訊息來做討論，缺少明確的文本依據。不過西元一九七二年在湖南省長沙市東郊的馬王堆漢墓三號墓中，出土若干戰國漢初的帛書文獻，其中有不少文獻是過去從所未見。其中《老子》甲乙本及《易》與今天略有不同，應該是傳世本之前的各種抄本之一。除此之外還有大量的方術、醫術、房中術、占卜星相等文獻，種類多元而豐富，堪稱漢代學術及知識史的一個重大發現。而在《老子》乙本之前發現了四篇，以黃帝之口談論「治國之術」的文獻，分別為〈經法〉、〈十大經〉、〈稱〉、〈道原〉。這四篇文獻經學者唐蘭先生考訂，應為《漢書‧藝文志》所錄的《黃帝四經》，不過也有學者持反對立場。但不管這篇文獻是否真為《黃帝四經》，這四篇文獻總算讓世人對於黃老之學的內容有了一個比較清楚的認識，也讓世人終得以一窺黃老思想的奧祕。

第十八回
陸賈：馬上得天下，馬下治天下

據《史記・酈生陸賈列傳》所記載，陸賈是漢高祖劉邦在爭天下時就一路追隨高祖的心腹謀臣，而且口才便給。劉邦天下平定之後，南越的趙佗自立為南越王，不聽從漢朝的號令。陸賈奉劉邦之命出使南越，他僅憑口舌之能就說服了趙佗受印稱臣。不過陸賈卻三不五時向劉邦讚美《詩》、《書》之道，但出身草莽的劉邦聽不進去，就咒罵他說：「今天我是靠馬上的戰功取得天，《詩》、《書》對我而言何用之有？」面對劉邦的不耐，陸賈以那句千古名言回覆他：「居馬上得之，寧可以馬上治之乎？」接著他向劉邦進言所謂的「逆取順守」之道，認為湯、武雖是以暴力取天下，但功成之後卻懂得用仁義來治國，因此得以長治久安。反之吳王夫差、智伯、秦始皇，他們不但以暴力取天下更以暴力治天下，因此最後自取滅亡。被陸賈如此痛陳之後，劉邦也覺得很慚愧，便請陸賈將秦朝的興亡教訓形諸於文，讓漢家子孫可以做鑑戒。於是他便著成了《新語》一書，此書也是我們現在瞭解陸賈思想的一個重要依據。

「仁義」原本是先秦儒家自孔子以來就遵從不渝的道德條目和修身準則，但是陸賈在《新語・道基》篇中，把「仁義」提升成為一種宇宙論層次的概念，認為世間萬物是由天地自然及陰陽五行的運化所生，但「仁義」是世界運作最重要的基礎法則。所以身為萬物之靈的人類，也應該奉仁義為最高準則，如《新語・道基》所言：「夫人者、寬博浩大，恢廓密微，附遠寧近，懷來萬邦。故聖人懷仁仗義，分明纖微，忖度天地，危而不傾，佚而不亂者，仁義之所治也。」所

以，就連聖人也是遵奉仁義來治天下。除了作為所有人的立身法則外，從自然秩序到人文秩序皆是依循仁義的原則，陸賈甚至認為經典皆內涵了仁義的原理在其中。雖然有些想法不免有過度附會之嫌，不過卻也看得出陸賈是以「仁義」作為他思想的核心。

除此之外陸賈還在《新語》裡反省了秦朝何以覆亡的原因，其實不外乎「乃舉措暴眾、刑罰太極故也」。當然，他最終還是希望劉邦的新王朝能以前秦之弊為誡，要以仁義之道來治國。雖然陸賈的理念和黃老之學比較起來還是未免陳義過高，不過他在外交上的傑出表現卻大大改變了劉邦對儒者的印象，也進一步在後來的漢代的政治文化中，灑下了儒家思想的種子。

陸賈的「仁義」倫理觀（《新語・道基》）

	仁	義
人際倫理	骨肉 鄉黨	夫婦 朋友 君臣 百官 朝廷
身份倫理	守國者 君 曾、閔	佐君者 臣 伯姬
自然倫理	陽氣	陰節
經典倫理	《春秋》、《詩經》	
符號倫理	乾、坤	八卦

陸賈認為秦亡天下的原因

1 尚刑罰、好征戰（二事互為表裡）

> 齊桓公尚德以霸，秦二世尚刑而亡。(《新語‧道基》)

> 秦始皇帝設，為車裂之誅，以斂姦邪，築長城於戎境，以備胡、越，征大吞小，威震天下，將帥橫行，以服外國，蒙恬討亂於外，李斯治法於內，事逾煩，天下逾亂，法逾滋而姦逾熾，兵馬益設而敵人逾多。《新語‧無為》)

2 縱驕奢

> 秦始王驕奢靡麗，好作高臺榭，廣宮室，則天下豪富制屋宅者，莫不倣之，設房闥，備廄庫，繕雕琢刻畫之好，博玄黃琦瑋之色，以亂制度。《新語‧無為》)

總結原因：秦因為不能以「仁義」治天下所以自取滅亡。

第十九回
賈誼：莫若眾建諸侯而少其力

　　除了陸賈之外，西漢初年的儒者賈誼也同樣在漢代儒學的發展史上，扮演了開風氣之先的角色。據《史記·屈原賈生列傳》記載，賈誼原籍是洛陽人，在年紀很輕時就展露了寫作方面的才華，後來受到河南太守出身的吳廷尉的薦舉，被漢文帝徵召到京師擔任「博士」之職（皇帝的專門顧問）。賈誼不但是所有博士之中最年輕的，而且因為表現優異被漢文帝破格拔擢。少年得志的賈誼展現旺盛的改革企圖心，向漢文帝提出了「改正朔、易服色、法制度、定官名、興禮樂」等改革政策，並且重新更訂朝庭各項儀法制度，打算完全排除掉漢制中所遺留的秦法色彩。雖然他的改革受到文帝的支持，不過卻不為老臣們所接受，最後在老臣的排擠下，文帝只好外放他為長沙王太傅，後來又被改派為梁懷王太傅。雖然賈誼自此都無緣再回京施展抱負，不過他身留下了許多精彩的文字作品，包括政論、奏疏、辭賦……等，另外還有一本專著《新書》，是我們現在瞭解賈誼思想的重要參考文獻。

　　賈誼一生以儒者自命，他和陸賈一樣，認為前秦覆亡的主因在於「繁刑嚴誅」，再加上過度動員民力、強徵橫斂，因此最後引起天下百姓的反撲。有懲於前秦的教訓，賈誼認為漢朝除了不該重蹈前秦的覆轍之外，還應該更積極的「以禮治國」，才是長治久安之策，因為「禮」是維持人倫關係和社會秩序的最根本基礎（可參《新書·禮》）賈誼尚禮精神的源頭可直溯至戰國的荀子，不過早期儒家論禮之精神時多強調，作為外部行為規範與合宜標準的禮，應該要與內在

的道德情感互相呼應。但賈誼論禮之內涵卻有法家化的傾向，在賈誼看來「禮」是維繫主臣、尊卑、彊弱等階級關係穩定的一個重要手段。這樣的想法幾乎與法家的思想目標無異，只是賈誼為嚴肅的綱紀披上了一個「禮」的華麗外衣，禮也成為了國君鞏固地位的最有效工具之一。

賈誼所倡議之「禮」就如同陸賈的「仁義」，都是對原始儒家關鍵理念的重新詮釋，不過重新詮釋的結果卻是巧妙的將這些理念予以工具化，使之成為維繫統治者利益的治國之術。也因為實際利益的功效被突顯出來了，陸賈和賈誼遂為後來的儒術得勢之路揭開了序幕。

賈誼的實際政策主張

政策	強幹弱枝	管制鑄幣	匈奴問題	農為國本
內容	眾建諸侯少其力	禁止民間私自鑄錢，銅業收歸國有	用「建三表，明五餌」（耀蟬之術）來弱化匈奴實力，以主動政策代替被動和親	鼓勵農業生產，積貯食糧以求國家安定
文獻	〈治安策〉	〈諫鑄錢疏〉	《新書・匈奴》	〈論積貯疏〉

第二十回
《淮南子》：
因循而任下，責成而不勞

　　《淮南子》一書又名《淮南鴻烈》，是西漢的淮南王劉安召集門下幕僚學者，所共同合撰的一本著作，形式上很類似秦代的《呂氏春秋》。劉安約生於西元前一七九年，卒於西元前一二二年。其父淮南厲王劉長是漢高祖劉邦的兒子，後來因罪被流放在中途絕食而逝，文帝將其封國一分為三，由其子阜陵侯劉安繼承淮南王的封號。據《漢書》〈淮南衡山濟北王傳〉記載，淮南王安「為人好書，鼓琴，不喜弋獵狗馬馳騁，亦欲以行陰德拊循百姓，流名譽。招致賓客方術之士數千人，作為《內書》二十一篇，《外書》甚眾，又有《中篇》八卷，言神仙黃白之術，亦二十餘萬言。」可見他對知識學術充滿興趣，所以才會動員學者編纂此書。劉安將此書獻給漢武帝，武帝非常喜愛。不過他最後還是沒逃過和父親相同的命運，被人指控有謀反的意圖，武帝派人持節去逮捕他，在被逮之前自殺辭世。

　　《淮南子》一書僅《內書》傳世，目前共存二十一卷。大體上來說，《淮南子》是一部以道家的世界觀和形上學為思想主體，來兼融各家思想的著作。如同《呂氏春秋》一般，《淮南子》一書充滿了融鑄各家於一爐的企圖。在道家思想的內容風格上，《淮南子》受到莊子的影響甚深，崇尚浪漫自由及體制解放，不像黃老之學是將老子思想作為陰謀術，來作為鞏固國君地位及加強控制的工具。不過宇宙論的觀點來看，《淮南子》和先秦道家、黃老之學的差別不大，都強調「道」不

僅是世界的核心、萬物的根源,更是天地運行最重要的法則依據。所以《淮南子》談到人的形神和養生,基本上也是道論的延伸。

而在政治思想方面,《淮南子》強調要遵循「無為」的法則,所謂的「無為」就如〈原道術〉所說:「所謂無為者,不先物為也;所謂無不為者,因物之所為。所謂無治者,不易自然也;所謂無不治者,因物之相然也。」也就是說萬物只要任其性之發展,不需要外力的介入干擾,就會形成一套自然的和諧秩序。所以人主在治國上也應採「無為之治」,在政治事務上儘量依循現況而即可,過多的干預和改革措施,反而會收到秩序混亂的反效果。這套思想反映出劉安與中央的緊張關係,劉安冀望以此說勸服中央不要對地方諸侯有太多的干涉,但似乎也預告了他後來的悲劇結局。

《淮南子‧主訓術》「無為之治」的內涵

1 君無為臣有為

人主之術,處無為之事,而行不言之教。

2 順應民情,因勢利導

禹決江疏河,以為天下興利,而不能使水西流;稷辟土墾草,以為百姓力農,然不能使禾冬生。豈其人事不至哉?其勢不可也。夫推而不可為之勢,而不修道理之數,雖神聖人不能以成其功,而況當世之主乎!

3 掌握權勢,賞罰御下

權勢者,人主之車輿;爵祿者,人臣之轡銜也。是故人主處權

勢之要，而持爵祿之柄，審緩急之度，而適取予之節。是以天下盡力而不倦。

4 民為國本

食者，民之本也；民者，國之本也；國者，君之本也。是故人君者，上因天時，下盡地財，中用人力，是以群生遂長，五穀蕃殖，教民養育六畜，以時種樹，務修田疇，滋植桑麻。

第廿一回
董仲舒：
人主近天之所近，遠天之所遠

據《漢書‧董仲舒傳》所載，董仲舒是以治《春秋公羊傳》開啟他的學術事業，漢景帝時被薦為博士。漢武帝即位之後大舉天下「賢良文學」之士，董仲舒因此向武帝獻上著名的〈賢良對策〉，在對策文末他提出了「諸不在六藝之科孔子之術者，皆絕其道，勿使並進」這個建議，這幾句話後來被學者濃縮成「罷黜百家、獨尊儒術」這八個字，而董氏也因此成為歷史上儒術獨尊政策的發起者。漢武帝在看了對策之後任命董仲舒為江都相，後來董仲舒被時任公卿的董仲舒所嫉，在公孫弘的建議下，被派任到聲名狼藉的膠西王門下擔任相國。董氏在位時深受膠西王信任，而後去位歸鄉，在家鄉以著書治學壽終。

董仲舒一生的著作極多，不過直接留下的著作唯《漢書‧董仲舒傳》中的〈賢良對策〉以及保存在《藝文類聚》裡的〈士不遇賦〉。另外，有《春秋繁露》一書在《隋書‧經籍志》裡著錄作者是董仲舒，雖然曾有不少學者質疑這本書與董仲舒的關係，不過就算全書不是全由董氏親筆完成，但至少也是成於其門徒和後學之手，反映的是董氏學派的思想體系，不該全然否認其書和董仲舒的關係。

董仲舒自認是孔子的追隨者，更是立場堅定的儒家信徒。不過他的宇宙論以「陰陽五行」和「天人感應」為基礎，認為「天」不但是世間萬物的根源，更是一切價值判斷的依據，而天的運作也是依據陰陽五行的法則。因此，政治上的一切措施都必須符合「陰陽五行」這

套先在的法則,不可違逆而行。而董氏的「天人感應」說則是強調天、人之間,不僅外在的結構系統彼此相合相應,而內在則透過氣及陰陽五行的中介彼此相感互動。就連人的身體骨肉也是與天的物理結構相呼應的,甚至人有喜怒哀樂也是受天之氣所感而發。(可參《春秋繁露・人副天數》)

董仲舒的思想裡有不少看似駁雜的成份,不過從〈賢良對策〉裡看他提出的三項基本主張:「仁義禮樂治國」、「求賢養士」、「重視教化」,還是充滿了儒家的理想主義色彩。雖然董確實曾有類似「罷黜百家、獨尊儒術」的言論,不過他本人並非此政策的執行者和推動者,此番言論在當時也沒起到多少實際作用。這個陰錯陽差的誤會曾是他的歷史光環,但似乎也讓他平白揹負了「扼殺思想自由」的歷史罪名。

董仲舒的「陽貴陰賤」哲學

理論根源——萬物隨陽生滅	
故陽氣出於東北,入於西北,發於孟春,畢於孟冬,而物莫不應是。陽始出,物亦始出;陽方盛,物亦方盛;陽初衰,物亦初衰。物隨陽而出入,數隨陽而終始,三王之正隨陽而更起。以此見之,貴陽而賤陰也。(《春秋繁露・陽尊陰卑》)	
陽貴	陰賤
善為陽　　德為陽 父為陽　　夫為陽 君為陽　　順為陽 經為陽	惡為陰　　刑為陰 子為陰　　妻為陰 臣為陰　　逆為陰 權為陰
結論	
是故天數右陽而不右陰,務德而不務刑。刑之不可任以成世也,猶陰之不可任以成歲也。為政而任刑,謂之逆天,非王道也。	

第廿二回
揚雄：
玄者，幽攤萬類而不見形者也

揚雄是西漢末年一位重要的學者，《漢書‧揚雄傳》形容他：「為人簡易佚蕩，口吃不能劇談，默而好深湛之思，清靜亡為，少耆欲，不汲汲于富貴，不戚戚於貧賤，不修廉隅以徼名當世。」可見他好學深思、不慕榮利，比起入世為官其實更熱衷潛心研述。他早年曾傾心司馬相如的賦作，並醉心於模擬司馬相如的作品，並有《蜀都賦》、《羽獵賦》、《長楊賦》等作品傳世。不過他後來他在《法言》之中自悔少而好賦之事不當，認為辭賦是「雕蟲篆刻」、「壯夫不為」之事。後半生揚雄專力潛心於哲學思考和著述，有《法言》、《太玄》這兩部代表作傳世。

揚雄模仿《易經》的體例作《太玄》，《易經》是由陽爻和陰爻為基本單位，再以六個陽爻或陰爻為一組，構成不同組合的六十四卦。而《太玄》則是「天」、「地」、「人」為基本單位，而以「首」取代易經的卦，但每首只由四個單位組成，並非像卦一樣有六個單位。再由四個單位三種不同的首，再組合成不同的八十一首。為何此書叫《太玄》？因為揚雄認為「玄」不但是世界萬物的根源，更是一切運作變化的終極依據，如《太玄‧太玄圖》所言：「夫玄也者、天道也，地道也，人道也，兼三道而天名之。君臣、父子、夫妻之道。玄有一道：一以三起，一以三生。以三起者，方州部家也。以三生者，參分陽氣以為三重，極為九營，是為同本離生，天地之經也。旁通上下，

萬物并也。」而這個變化的歷程就叫做「數」，最基本的數就是「三」和「九」。揚雄絞盡腦汁、花費心思創造出來這個以「玄」為本的符號系統，然後用這套繁雜、龐大而且嚴密的系統來表述解釋世界萬物的遷化過程。

另外他還模仿《論語》的體例作《法言》，這部書則呈現了揚雄本人的價值觀和人生觀。揚雄和早期儒家一樣重視「仁、義、禮、智、信」等德目，不過他更重視「心」的能力，他認為人的「心」具有認知世間一切道理的能力，因此他格外推崇「尚智」的精神，也就是要用理性態度去思考所有的知識。如《法言》所言：「昔乎皋陶以其智為帝謨，殺身者遠矣！箕子以其智為武王陳《洪範》，殺身者遠矣！」唯有用「智」才可以避身遠禍並成就大事業。雖然他這種尚智精神很難跟一般的通俗知識做對抗，卻對東漢思想家王充有很大的啟發。

《太玄・太玄文》論萬物生成變化

罔：有之舍	直：明之素	蒙：亡之主	酉：生之府	冥：明之藏
北方	東方	南方	西方	有形復無形
冬	春	夏	秋	
未有形	質而未有文	物之修長	物皆成象而就	

第廿三回
班固和《白虎通義》：
三綱法天地人，六紀法六合

　　班固生於西元三十二年至九十二年（東漢建武八年至永元四年），他是東漢著名的學者班彪之子。班彪出身自知名的儒學世家，班固從小耳濡目染，在年紀很小的時候就展現了學術方面的才華，不僅是儒家的經典，就連諸子百家和詩辭歌賦，班固都有一定程度的根柢。當時有很多人接續司馬遷的《史記》做增補，不過班彪對這些續作都不滿意，所以「彪乃繼採前史遺事，傍貫異聞，作後傳數十篇，因斟酌前史而譏正得失。」而班固就在這基礎上完成了《漢書》這本繼《史記》之後的偉大史學著作。

　　西漢自武帝開始設置五經博士並且為儒生開啟了晉陞之階後，「章句之學」就成為當時炙手可熱的學問。而不同解經路數的家法門派為能受到朝庭青睞立為學官，對經典的詮解就越來越蔓衍滋盛、繁瑣複雜，到了東漢初年時，過度膨脹複雜而又矛盾的經學知識，已經面臨到不得不裁減規模和統一觀點的壓力。因此東漢章帝於建初四年（西元79年）召開了白虎觀會議，邀集諸儒一起來「共正經義」，而會議的紀錄和結論則由當時的大儒班固整理成《白虎通義》一書。

　　《白虎通義》全書是由對四十三條經學名詞的解釋所彙編而成，這四十三條名詞涉及禮制、政教、秩序、社會……等問題，與當時漢代社會的階級制度以及社會運作習習相關。也就是說整個白虎觀會議和《白虎通義》一書的核心精神，就是通過對這些名詞的觀念解釋和

內涵定義,重新釐定整個社會從上到下的階序尊卑和權力義務關係,並進一步鞏固統治及維護秩序。舉例來說,《白虎通義》解釋「三綱」的由來:「君臣,父子,夫婦,六人也,所以稱三綱何?一陰一陽謂之道。陽得陰而成,陰得陽而序,剛柔相配,故六人為三綱。」用天地陰陽之道來比喻三綱,就是強調三綱關係的不可易。而對「三綱」的個別解釋也是著重單方面義務,如釋「君臣」:「君,群也,下之所歸心;臣者,纏堅也,屬志自堅固。」強調臣對君的服從效命;如釋「父子」:「父者,矩也,以法度教子;子者,孳孳無已也。」強調子對父的亦步亦趨;如釋「夫婦」:「夫者,扶也,以道扶接也;婦者,服也,以禮屈服。」則是強調婦對夫的依附屈從。由此可見出儒術與經學發展到東漢之後不但已成為官方的意識形態,而且更與現實的權力運作合而為一了。

《白虎通義‧三綱六紀》論「三綱」

	君臣	父子	夫婦
所法自然	天	地	人
取象規則	日月屈天	五行相生	人合陰陽
單字釋義	君－群 下之所歸心	父－矩 以法度教子	夫－扶 以道扶接
	臣－纏堅 屬志自堅固	子－孳 孳無已	婦－服 以禮屈服
延伸六紀	師長	諸父兄弟	諸舅朋友

第廿四回
《鹽鐵論》：故工商梓匠，邦國之用，器械之備也

　　漢武帝為徹底解決長期以來匈奴擾邊的問題，決定改變立國以來的安撫政策，改用軍事攻擊來解決邊患。為了籌措用兵所需資金武帝將鹽、鐵、酒的經營買賣權收歸國有，實施政府專賣政策。另外，自從漢初以來中央政府長期遵循黃老之治的清靜無為精神，對外關係上保持容忍消極，在內政上也儘量採取放任，在經濟上亦是如此。因此許多商賈及地主就憑藉資本及地位優勢，大肆謀取暴利及兼併土地，造成了貧富懸殊不均及資源分配不公的問題，引起了很大的民怨。武帝為了解決這些問題，於元封元年（西元前110年）接受大司農桑弘羊的建議，於長安設「平準官」，專門收購市場上剩餘或滯銷物，利用賤買貴賣來平仰物價，避免私人資本家囤積居奇。除此之外，又派遣「均輸官」前往各地郡國，將郡國每年要向中央進貢的商品貨物，因地制宜的就地販售或轉運需要的他處，不但可避免貨品運輸途中的浪費，而收益也全歸中央政府。

　　不管是鹽鐵酒專賣還是均輸平準制度，都讓中央政府的財政也的確獲得了改善，但施行到後來因為官吏管理不善及官商人謀不臧，反而讓許多老百姓深受其害，而這種國營專賣政策也引起政府與民爭利的批評。因此漢昭帝時，漢朝中央政府召集民間的「賢良文學」六十多人與當朝的「丞相、御史大夫」針對各項國家政策進行辯論。會議結束後由桓寬將兩方的觀點以一問一答的形式，整理紀錄成六十卷的《鹽鐵論》。

基本上賢良文學站在傳統儒者的觀點，反對對外戰爭及專賣政策、倡導儉約；而丞相及御史大夫則偏向法家的觀點，主張工商活動應由政府統一管制，以收富國富民之效，並為武帝的軍事政策進行辯護。雖然賢良文學的觀點有時陳義過高，但桓寬在行文之間立場上明顯傾向賢良文學一方，將丞相及御史大夫貶為「斗筲之人、道諛之徒」。如知名學者徐復觀先生所言，這場會議表面上看來是一場國家政策的辯論，但實際上卻是託孤顧命大臣霍光及前朝財經舵手桑泓羊的一場政治角力，霍光是要透過賢良大夫之口來打擊桑泓羊。後來桑泓羊以謀反之名被誅除，霍光牢牢掌握全部的朝政，但對桑泓羊時代的財經政策僅做了「微幅」修改。所有當權者都莫不想掌控全國的資本（畢竟這才是政治實力的本錢），賢良文學的理想也不過是霍光的政爭工具而已。

《鹽鐵論》中「賢良文學」和「御史大夫」
在各種國家政策上的比較

賢良文學	御史大夫
廢除鹽鐵專賣	實施鹽鐵專賣
廢除均輸平準	實施均輸平準
廢除酒榷（酒類專賣）制度	實施酒類專賣
開放民間鑄幣	國家統一鑄幣
以農為本，重農抑商（重農抑商）	農商交易，以利本末（鼓勵工商）
強調德治，反對嚴刑峻法，提倡節儉	強調法治，認為嚴刑峻法有必要性
用仁義安撫匈奴	用武力征伐匈奴

第廿五回
讖緯之學：符瑞之應，昭然著聞，宜荅天神，以塞群望

「讖」的原意是指預測未來災異吉凶的言論或徵兆，可以透過各種形式表現出來，包括圖案、自然現象以及各種街談巷議的隱語。人類自古以來就嘗試運用各種手段，來預知未來事件的吉凶變化，而「讖」和各種占卜方法的差別就在於，「讖」是透過解讀徵兆來預示未來，偏向被動性質，不像占卜是主動探究未來。而「緯」則是指緯書，是漢代附會儒家經典所衍生出來的書籍，其目的也是了預知吉凶變化。早在秦末首先起義抗秦的陳勝、吳廣就利用了讖語「大楚興、陳勝王」，作為鼓動人心反秦的口號，可見那時讖語的影響已經深入心。

而所謂「讖緯之學」就是指一種在漢朝逐漸成形的龐雜知識，泛濫於西漢的哀平之世。王莽在準備代漢稱帝前就利用了讖語，將自己形塑成受天應命的不二人選。而就連後來取代新莽的漢光武帝，也憑藉《赤伏符》作為自己登基合法性的證明。其後更在中元元年（西元56年）大布圖讖於天下，等於是為讖緯的合法性背書。由此可看出讖語的預示目的和內容，絕大部分是指向政治的。而緯書的發展則稍晚於「讖」，緯原是指絲織品的橫線（「經」是指直線）。在漢代儒學成為官方意識形態的過程中，儒者為了強化儒家經典的權威定位，就利用一般人的宗教信仰心理，將各種預言未來吉凶禍福的神祕知識，融合附會入經典的解釋內容之中。

因為讖和緯都有濃厚的政治性質，所以隨著時間的發展兩者後來

逐漸融合、混而難分。讖緯之學包含的內容很複雜，我們現在所稱的讖緯之學其實是從廣義而論，除了預測政情和吉凶之外，也融合了許多天文、星歷、術數、宇宙論……等知識在其中，從中我們可一窺漢代的知識圖象，不該將之視為單純的迷信或偽語。雖然讖書及緯書曾在漢代盛極一時，也曾被官方視為鞏固政權的工具而加以大力推廣，不過「水能載舟亦能覆舟」，就算是曾經利用過讖緯的統治者，也逐漸感受到其中的顛覆性。在東漢末年之後就屢被禁止，甚至到在隋代還正式頒布禁毀，導致漢代以降的讖緯書就大量散佚。像以緯書為例，東漢有所謂的「七緯」，分別是《易緯》、《書緯》、《詩緯》、《禮緯》、《樂緯》、《孝經緯》和《春秋緯》。不過目前僅有《易緯》之中的《乾鑿度》和《乾坤鑿度》存世，其他都只剩斷簡殘篇而已。

秦漢時代政治人物利用「讖緯」號召人心的三個實例

1　秦末：陳勝、吳廣

> 陳勝、吳廣喜，念鬼，曰：『此教我先威眾耳。』乃丹書帛曰『陳勝王』，置人所罾魚腹中。卒買魚烹食，得魚腹中書，固以怪之矣。又彊令吳廣之次所旁叢祠中，夜篝火，狐鳴呼曰『大楚興，陳勝王』。卒皆夜驚恐。旦日，卒中往往語，皆指目陳勝。（《史記・陳涉世家》）

2　西漢末：王莽

> 是月，前煇光謝囂奏武功長孟通浚井得白石，上圓下方，有丹書著石，文曰『告安漢公莽為皇帝』。符命之起，自此始矣。（《漢書・王莽傳》）

3　東漢初：劉秀

行至鄗，光武先在長安時同舍生彊華自關中奉赤伏符，曰「劉秀發兵捕不道，四夷雲集龍鬥野，四七之際火為主」。群臣因復奏曰：「受命之符，人應為大，萬里合信，不議同情，周之白魚，曷足比焉？今上無天子，海內淆亂，符瑞之應，昭然著聞，宜答天神，以塞群望。」光武於是命有司設壇場於鄗南千秋亭五成陌。(《後漢書・光武帝紀》)

第廿六回
《太平經》：天報有功，不與無德

　　《太平經》又名《太平清領書》，分甲、乙、丙、丁、戊、己、庚、辛、壬、癸十部，每部十七卷、共一百七十卷，是目前所存最早的道教經典。此書的出現頗有神異色彩，據《後漢書・襄楷傳》所言，此書最早是由道士干吉所得：「順帝時，琅邪宮崇詣闕，上其師干吉於曲陽泉水上所得神書百七十卷，皆縹白素朱介青首朱目，號《太平清領書》。其言以陰陽五行為家，而多巫覡雜語。有司奏崇所上妖妄不經，乃收藏之。後張角頗有其書焉。」雖然《太平經》被奉為道教的經典，而且如學者金春峰先生所言，全書是建立在對「天」的神教信仰之上，而且其中的思想內容非常複雜，涉及了陰陽五行、科儀祭祀、疾病醫療、方術修煉、讖緯預示⋯⋯等。不過在社會政治思想上，《太平經》卻是以儒家思想為根柢，只是利用神教思想作為儒家綱常正當性的護符。例如《太平經》強調絕對性的三綱倫常，如卷四十七：「夫為人臣子及弟子為人子，而不從君父師教令，皆應大逆罪，不可復名也。」既然如此重視三綱，那麼對於三綱的倫理基礎──「孝」的維護更是不遺餘力，如卷四十五：「夫天地至慈，唯不孝大逆，天地不赦。」另外卷九十六有云：「子不孝，則不能盡力養其親；弟子不順，則不能盡力修明其師道；臣不忠，則不能盡力共敬事其君。為此三行而不善，罪名不可除也。天地憎之，鬼神害之，人共惡之，死尚有餘責於地下，名為三行不順善之子也。」甚至利用天地鬼神的災譴來維護一般人對三綱及孝道的服從，手段可說非常極端。

　　一般的道德倫理或宗教戒律多會向世人宣揚善惡終有報，強調行

為善惡終究會反映在際遇的好壞上，不過衡諸現實最後的結果卻往往是施報多爽。為維繫善惡終有報的信念，因此各種宗教不得不發展出其他的解釋方法，如《太平經》在這方面則是提出「承負說」－強調世間的善惡報應如果沒有在當事人身上實現，就會反映在後世的子孫身上。也就是說如果祖宗行善積德則子孫就有福報，如果祖宗多行不義，那麼子孫就要承受災厄的報應。有學者認為此說可能是《易傳》：「積善之家，必有餘慶；積不善之家，必有餘殃。」觀念的延伸。在視子孫為個人生命延續的傳統血親社會中，這種將施報投射在子孫身上的說法，在現實上的確具有一定程度的威赫和警世效果。

東方社會「善惡終有報」的三種支持理論

1　死後審判說（佛教「十八層地獄說」）

> 佛言：「人生見日少，不見日多，善惡之變，不相類。侮父母，犯天子，死入泥犁，中有深淺，火泥犁有八，寒泥犁有十。入地半以下火泥犁，天地際者寒泥犁。有前惡後為善，不入泥犁。」（《十八泥犁經》）

2　輪迴說（印度婆羅門教種姓制度）

種姓制度將所有人分為「婆羅門」、「剎帝利」、「吠舍」與「首陀羅」四個等級，等級和職業都世襲。不同等級的人互不通婚，不可同桌進食。如果在此世表現良好，來生可以上升到較等級，反之，則會下降到更低等級。

3　承負說（道教《太平經》）

　　承者為前，負者為後；承者，乃謂先人本承天心而行，小小失之，不自知，用日積久，相聚為多，今後生人反無辜蒙其過謫，連傳被其災，故前為承，後為負也。負者，流災亦不由一人之治，比連不平，前後更相負，故名之為負。負者，乃先人負於後生者也。(《太平經》)

第廿七回
王充：
凡人遇偶及遭累害，皆由命也

　　王充字仲任，會稽上虞人，是東漢前期一個風格獨特的思想家，生於光武帝建武三年、約卒於和帝永元八年（西元27-97年）。他一生的著作豐富，不過現在僅存有《論衡》一書，是我們現在瞭解王充思想的最重要依據。從《論衡・自紀》可以看出他從小就對自己的才學頗有自信：「八歲出於書館，書館小僮百人以上，皆以過失袒謫，或以書醜得鞭。充書日進，又無過失。手書既成，辭師受《論語》、《尚書》，日諷千字。經明德就，謝師而專門，援筆而眾奇。所讀文書，亦日博多。」他也在《論衡・佚文》表明寫作此書的旨趣：「詩三百，一言以蔽之，曰『思無邪』。《論衡》篇以十數，亦一言也，曰『疾虛妄』。」而所謂的「疾虛妄」即是針對當世眾多的俗學謬說，進行廣泛的檢討及批判。王充基本上主張一種元氣論的自然世界觀，認為世界萬物皆是由「氣」所生化而成，如《論衡・自然》所云：「天之動行也，施氣也，體動氣乃出，物乃生矣。」而氣的運作完全是隨機和偶適的結果，並沒有一個有意志的力量在做主宰，也不依循某種道德原則，如《論衡・講瑞》所云：「陰陽之氣，天地之氣也。遭善而為和，遇惡而為變，豈天地為善惡之政，更生和變之氣乎？」世間萬物皆是氣化所生的自然物質，不管過程中出現哪些現象都別無其他意義。

　　王充的命論也是這種世界觀的發揮，他將命分為「稟受之命」和

「時祿之命」兩個層次，前者是指天賦才性，而後者則是指際遇，這兩者皆是透過氣的隨機運化而呈顯出來。所以，世間萬物的一切轉變遷化過程也都屬於「命」的範疇，無法用人的意志去左右或預測，如《論衡・命祿》開頭所言：「凡人遇偶及遭累害，皆由命也。有死生壽夭之命，亦有貴賤貧富之命。自王公逮庶人，聖賢及下愚，凡有首目之類，含血之屬，莫不有命。」可以說是一種極端的隨機命定論。

不過學者多指出王充的思想體系雖然閎大豐碩，但是其中多有互相矛盾衝突之處，例如他一方面批評天人感應之說，但另一方面又〈齊世〉、〈宣漢〉、〈恢國〉……等篇裡稱頌漢代的瑞應。又例如他主張隨機的偶適命論，但又同意命的內容可以透過卜算得知。不過王充思想的價值及時代意義即於此處體現，他看似百科全書式但其中又互有矛盾的知識圖像，正好就是東漢思想界具體而微的縮影。

王充從「疾虛妄」的立場對天人感應和災異之說大加批判

篇名	主張
〈雷虛〉	打雷只是一種自然現象，如果有人被雷擊中那只是一件隨機發生的不幸悲劇，並不是有一個人格天要懲兇罰惡。
〈譴告〉	天災只是單純的自然現象，並不是有一個人格天藉此要告誡或懲罰君主失政。
〈異虛〉	各種災異現象都是獨立發生，無法用人的行為和作用來加以改變。
〈龍虛〉	王充認為龍只是一種生活在水澤間的生物，與其他生物無異，並不像傳說所形容會升天。
〈福虛〉	人的各種善行都只是獨立事件，不會因此得到上天的福祐。

篇名	主張
〈禍虛〉	王充認為人的窮達禍福都是時命遭遇的結果，並非是上天要獎善懲。
〈變虛〉	天體的各種異變都是獨立的自然現象，並不會因為受到人的言行影響而改變。
〈感虛〉	人各種現象誠意的言行並不能感動上天，當然也不能改變任何自然現象。

第廿八回
王符與仲長統：務本而抑末

　　王符字節信，是東漢中後期的政論家及思想家，生卒年不詳。不過從《後漢書》本傳中說他與東漢的「馬融、竇章、張衡、崔瑗等友善」，並且曾見過解官歸田的皇甫規，所以推測他應該是生活在東漢中後期的章、和、安、順、桓帝之間。另外本傳說他「安定俗鄙庶孽，而符無外家，為鄉人所賤。自和、安之後，世務游宦，當塗者更相薦引，而符獨耿介不同於俗，以此遂不得升進。」可見王符出身寒微，並且在仕途上的發展並不順遂，所以「志意蘊憤，乃隱居著書三十餘篇，以譏當時失得，不欲章顯其名，故號曰《潛夫論》。」此書不但是王符發憤著述之作，也是我們現在瞭解王符思想最重要的資料。

　　《潛夫論》共十卷三十六篇，主題多元而廣泛，但大體上來說主要是針對東漢政治和社會上的種種不合理現象，進行針砭和批判。在面對當代種種的政治及社會問題上，王符強調要「務本而抑末」，如《潛夫論・務本》所言：「凡為治之本，莫善於抑末而務本，莫不善於離本而飾末。夫為國者，以富民為本，以正學為基。」雖然「以民為本」的思想早在先秦就已被大加倡議，不過王符更重視的是「民富」。這種以民眾利益為政治主體的眼光，想必與當時的政治社會形勢有關。出身寒門久處民間的王符，對現實的感受一定比「肉食者」更加深刻。

　　而東漢時期另一位政論名家則是仲長統，字公理，生活時代在東漢晚年，曾擔任過曹操的軍務幕僚，他的卒年剛好就與漢獻帝遜位、曹丕篡位同年。《後漢書》本傳說他「統性俶儻，敢直言，不矜小

節，默語無常，時人或謂之狂生」，可見他是一個自信率直又有獨立風格的人。本傳也說他曾著《昌言》一書，共三十四篇、十餘萬言，但大部分已經散佚，部分內容散見於《後漢書》、《群書治要》、《齊民要術》等書中。在思想上仲長統主張「人事為本、天道為末」，非常關注治亂問題，是一個現實感非常強烈的思想家，目前所見的《昌言》殘卷很多內容就是在討論如何讓社會和政治得以「撥亂反正」。仲長統非常重視「法」的效用和地位，強調在亂世或非常時期，嚴刑峻法是必要手段。

　　我們看東漢這兩位重要的政論名家，一位是「潛夫」、一位是「狂生」。王符眼見時局漸頹，冀望朝庭能以民富之策來振衰起弊，而仲長統身處囂囂亂世，強烈體會到非用重典不足以求太平。而隨著漢帝國的解體、新時代的來臨，中國思想史也開始邁向新的發展階段。

第廿九回
《人物志》：
凡人之質量，中和最貴矣

　　漢代選任官吏主要是透過察舉制度，大概就是由官吏鄉民間察訪可用之才，推薦給上級或中央單位予以任用。通常被選任者不是書香門第，不然就是豪門世族子弟，久而久之官吏的出身就漸漸被特定世家大族所壟斷。東漢末董卓率兵攻入洛陽，整個帝國土崩瓦解、名存實亡。獻帝建安五年（西元200年），群雄之中的曹操與袁紹兩軍在官渡（今河南中牟東北）展開決戰，曹操在此役中將袁紹擊潰完成了中國北方的統一事業。接著，曹操在建安八年、建安十五年、建安十九年、建安二十二年向全天下發布了四次求賢令，這四次求賢令的主要訴求都是「用人不論出身德行，唯才是舉」。可見在當時具備解決政治社會問題的實際能力，成為薦舉人才的主要標準，道德品行則是次要考量。因此，品鑒和識察每個人的才性和專長就成了政治上的重要工作，而《人物志》就是此一現實背景下的產物。

　　《人物志》一書的作者是劉邵，生於東漢靈帝建寧年間（約西元168年-172年），卒於魏齊王正始年間（約西元240年-249年）。劉邵本人學識廣博，一生著述頗豐，可惜主要傳世者唯此書耳。《人物志》全書分為十二篇，分別是〈九徵〉、〈體別〉、〈流業〉、〈材理〉、〈材能〉、〈利害〉、〈接識〉、〈英雄〉、〈八觀〉、〈七謬〉、〈效難〉、〈釋爭〉。其實早在東漢末年，伴隨著察舉制度的實施，當時在士人之間已經普遍流行一種品鑒人物的活動風氣。而劉邵著作此書的目的除了

上承漢末的品鑒之風外,更是在倡導一套識人量才的準則和方法,好像讓領導者可以知人善任、量能授權。

劉邵基本上是利用漢人「陰陽五行」的世界觀,再配合血氣才情的本性論,來作為鑒識和品評人物的原則方法。而人的身體結構、人格情性、品德特質,劉邵都比附「五行」來加以定性分類。劉邵認為透過「徵神見貌」可以認識一個人的氣質,也就是透過外表的「九徵」來辨識出內在之「九質」。最後他透過這一套鑒識方法,將所有人分為五個等級,由高到低分別是:「中庸」、「德性」、「偏才」、「依似」、「間雜」。而曹魏朝所開始實施的「九品中正制」(又稱「九品官人法」),也就是依據才能特質來分類人品高低,再依此分類結果來選任實吏。這種制度所反映出來的精神與《人物志》一書的理念是若合符節的。

《人物志・九徵》對人性原理的定義

蓋人物之本,出乎情性。……凡有血氣者,莫不含元一以為質,稟陰陽以立性,體五行而著形。苟有形質,猶可即而求之。

《人物志・九徵》的「五行」架構

五行	木	金	火	土	水
五體	骨	筋	氣	肌	血
五性	植而柔	勁而精	清而朗	端而實	平而暢
五德	弘毅	勇敢	文理	貞固	通微
五常	仁	義	禮	信	智

第三十回
魏晉玄學的興起：
《莊》、《老》、《周易》，總謂三玄

　　魏晉玄學是一股流行於魏晉之間的哲學思潮，簡單來說是一門以道家的形上境界作為存有依據，然後結合儒家的人倫與社會價值的一種思想形態。玄學的「玄」字應是取於《老子》第一章的「玄之又玄，眾妙之門」，而玄學最重要的三部經典是「三玄」，也就是《莊子》、《老子》及《周易》。玄學許多重要的義理內容就是透過對這三部經典的重新詮釋所展現出來。「三玄」一詞最早見於北齊顏之推的《顏氏家訓・勉學篇》：「洎于梁世，茲風複闡，《莊》、《老》、《周易》，總謂三玄。」不過這門曾經盛極一時的學科，在東晉之後漸被佛、道思潮所取代，還差點消失在中國古代的思想地圖中。不過幸賴上個世紀三〇年代哲學史學家湯用彤先生及其他學者的著述闡揚，這門學問才重新獲得重視和研究。

　　湯用彤先生將魏晉玄學視為中國哲學自漢代以後的一大轉向，漢代哲學主要是一種以陰陽氣化說為基礎的宇宙構成論，而魏晉玄學則是超越世界的具體表象，直透世界形上根源的宇宙本體論。如果是以時間來做分期的話，現在學界一般多參考學者許抗生先生的觀點，將魏晉玄學的發展分為以下四期，第一期是「正始玄學」（約從西元204年-249年），代表人物為曹魏朝的何晏與王弼；第二期為「竹林玄學」（約從西元254年-262年），主要代表人物以阮籍、嵇康為首的「竹林七賢」；第三期為「元康玄學」（西元290年前後），主要代表人物為西

晉朝的郭象、向秀；第四期為「東晉玄學」，五胡亂華晉室南渡後的玄學家皆屬之，以張湛的《列子注》為主要代表。第四期為魏晉玄學發展的尾聲，當時佛教已經漸散播於中土，所以此期玄學的最大特色就是佛、玄相合。另有江建俊教授分期如文後補充。

六朝之後的中國哲學有很長一段時間被佛家及道教所籠罩，魏晉玄學暫時離開了原本的歷史舞台。不過從此之後玄學卻一直揹負著引發時代悲劇的責任，如《梁書‧何敬容傳》有云：「昔晉代喪亂，頗由祖尚玄虛，胡賊殄覆中夏。」這類的言論似乎是在暗示，玄學這種直接探索本體的思考模式，間接養成士人放縱尚虛的行事風格，最後導致了政治災難的發生。然而到底是哲學思維的發展影響了時代風氣，還是時代風氣的氛圍主導了哲學思維的發展方向？這是個值得我們深思的問題。

魏晉玄學的發展分期

許抗先生分期

期次	名稱	代表人物	特色
第一期	正始玄學	何晏、王弼	貴無
第二期	竹林玄學	阮籍、嵇康	捨名教任自然
第三期	元康玄學	郭象、向秀	崇有
第四期	東晉玄學	張湛	玄佛合一

江建俊教授分期

期次	名稱	代表人物或著作
第一期	先玄	劉邵《人物志》、鍾會《才性四本論》
第二期	暢玄	1. 何晏、王弼、嵇康、阮籍、王衍、張湛 2. 郭象《莊子注》
第三期	反玄	裴頠〈崇有論〉、干寶《晉紀·總論》、范寧〈罪何王論〉、王坦之〈廢莊論〉、孫盛〈老聃非大賢論〉和〈老子疑問反訊〉
第四期	重玄	唐代道士成玄英《老子道德經開題序訣義疏》

第三一回
何晏與王弼：
無形無名者，萬物之宗也

　　何晏與王弼是魏晉玄學第一期——「正始玄學」的代表人物。何晏字平叔，他的生年應該是在東漢獻帝興平二年（西元195年）前後，卒於曹魏齊王正始十年（西元249年）。何晏是東漢大將軍何進的孫子，何家慘遭董卓滅族，母親尹氏幸運逃脫並生下何晏。後來曹操納尹氏為妾，就將何晏收為養子。曹魏齊王芳時朝政由宗室的曹爽主持，經過何、王的闡釋之後，正始玄學的本體存有論基礎——「無」，正式被確定了下來。何晏在曹爽朝中歷任散騎侍郎、吏部尚書等職。當時曹爽和司馬懿兩方政爭激烈，後來司馬懿在正始十年發動高平陵事變，曹爽集團遭此突襲只能束手就擒，宗族被滅，何晏也因此被誅。王弼字輔嗣，生於曹魏黃初十年（西元226年），正始十年因疾而亡，年僅二十四歲。《三國志》並沒有特別為王弼立傳，僅有《三國志・魏書・鍾會傳》的裴松之注裡引何邵的〈王弼傳〉，才有概述王弼的生平。因為何晏從小聰慧機靈，雖是養子但曹操仍疼愛有佳，後來成為曹爽積極拔擢的人才。王弼在年少就顯露出了異於常人的哲學天份，年紀輕輕就完成了《老子注》、《周易注》等重要著作。何晏雖長於王弼但對他的學問非常折服，因此將王弼引薦進入曹爽集團任官。正始十年曹爽集團失敗後王弼去職，並於同年因癘疾辭世。

　　何晏和王弼是魏晉玄學「貴無論」的開創者，所謂「貴無」之說是脫胎於何、王對老子的詮釋，由何晏啟其端、王弼接續將之盡善盡

美。何晏的著作大部分已亡佚,不過我們從《列子・天瑞》張湛引何晏〈道論〉,以及同書〈仲尼〉張湛注引何氏〈無名論〉,大致可以一窺其妙。基本上何晏認為「道」是世界萬物存在的終極根據,而道的本體就是「無」。因為道的本體是無,並且是所有現象的形上理據,所以我們無法以名言來加以描述和規範。王弼在〈老子指略〉中將「以無為本」之說發揮的更加完整清晰,他在開宗明義即言:「夫物之所以生,功之所以成,必生乎無形,由乎無名。無形無名者,萬物之宗也。」所以身為萬物之宗的「無」,是沒有辦法用任何語言概念來加以涵括,就算是《老子》書中的道、玄、深、大、微、遠等字,也都是「各有其義,未盡其極者也」。因此王弼認為《老子》一書的主旨一言以蔽之,就是「崇本息末」、「守母存子」。所謂的「本」、「母」,就是那超越世界萬物但又是萬物根本的「無」。唯有直接掌握紛然現象背後的絕對本體,也就是那關鍵的本質——「無」,才能真正掌握世界的全部。

第三二回
阮籍：傲然獨得，任性不羈

　　魏晉玄學的第二期為「竹林玄學」，主要代表人物就是以以阮籍、嵇康為首的「竹林七賢」，他們是曹魏末年、西晉初年社會上出名的七位名流高士，分別是阮籍、嵇康、山濤、劉伶、阮咸、向秀、王戎。東晉孫盛在《魏氏春秋》有中略敘竹林七賢的由來，如依照孫盛之言所謂的竹林玄學就是由這七位性格各異的文人，透過互動交流所展現出的特殊行跡，再搭配他們的個人著作和言論，所綰合融通出的一整套文化風尚和價值思想。

　　阮籍（西元210年-263年），字嗣宗，陳留尉氏（河南開封）人，是當時著名文學家和名士。其父阮瑀曾經擔任過曹操的官吏，並且是當時出名的文學集團「建安七子」之一。阮籍在學文學上才華比起父親毫不遜色，除了著名的《詠懷詩》八十二首外，還有《清思賦》、《首陽山賦》、《鳩賦》、《獼猴賦》等辭賦多篇。除此之外還有〈樂論〉、〈通易論〉、〈通老論〉、〈達莊論〉、〈大人先生傳〉和〈答伏義書〉等多篇哲理散文（〈通老論〉已佚僅存篇目），內容都是針對一個思想主題進行義理和內涵的申述。大體上來說，阮籍一生的思想依違於儒、道之間，早年尚有用世之志，〈樂論〉一文可為這方面思想的代表。全文在一開頭即強調：「安上治民，莫善於禮，移風易俗，莫善於樂。」顯然是在宣揚儒家的禮樂治國的理想，不過文中提到樂理時又講到「乾坤易簡，故雅樂不煩。道德平淡，故無聲無味。」這種以「無」論樂的觀點，似乎又帶有正始玄學的影子。

　　阮氏到了晚年可能心理上承受了司馬氏很大的壓迫，再加上目睹

血腥的政治鬥爭,因此思想上就越來嚮往莊子自由無束的境界,並且在作品中強烈表現出對禮法體制的反抗,表現這方面思想的作品有〈達莊論〉、〈大人先生傳〉、〈答伏義書〉等。〈達莊論〉表現出阮籍對莊子出世思想的體悟,而在〈大人先生傳〉裡阮籍則是表出對於莊子神遊境界的嚮往。在〈答伏義書〉裡阮籍面對現實的態度則是由超脫轉向反抗,對禮法之治扭曲人性抒發了抗議之聲。雖然阮籍到晚期思想越趨激烈,不過《晉書》本傳形容他是:「容貌瑰傑,志氣宏放,傲然獨得,任性不羈,而喜怒不形於色。」所以縱使孤傲不群,但阮籍終究只是透過寫作來抒發不平之氣,抒解內心的不滿,也讓他得以在司馬氏的統治下安享天年。

「竹林七賢」群像

人物	人格
阮籍	傲然獨得,任性不羈,但喜怒不形於色。
嵇康	崇尚老莊,主張「越名教而任自然」。
山濤	氣度廣深,後來依附司馬氏,仕途順遂。
劉伶	好飲酒,為人放蕩不羈。
阮咸	阮籍的侄子,善解音律,是當時著名的音樂家。
向秀	好老莊之學,相傳曾著《莊子隱解》,但後來未傳世。
王戎	熱衷積累錢財,是七賢中最「世俗化」的一位。

第三三回
嵇康：越名教而任自然

嵇康（西元223年前後-263年前後）字叔夜，曹魏譙郡銍縣（今安徽省濉溪縣）人。嵇康天生外形瀟灑出眾，《晉書》本傳稱他「身長七尺八寸，美詞氣，有風儀，而土木形骸，不自藻飾，人以為龍章鳳姿，天質自然」，另外他的學養也很受到矚目，並且精通樂律及演奏。本傳說他「學不師受，博覽無不該通，長好《老》《莊》」，可見他在時人的心目中是一位內外兼備的風流名士。他與阮籍齊名並稱「嵇阮」，在當時有很高的名望。不過嵇康的行事作風率性，對於權威和體制常常流露出不服從的態度，再加上娶曹魏宗室之女為妻，因此長期與司馬氏集團的關係不佳。後來意外捲入好友呂安的法律事件，自己被牽連入獄，因他的聲望對司馬氏來說始終是個威脅，司馬昭就在鍾會的建議下趁機處死了嵇康。

嵇康有不少詩賦作品傳世，但要瞭解他的哲學思想，主要應參考他的哲理散文，也就是他諸篇名「論」，包括〈聲無哀樂論〉、〈養生論〉、〈答難養生論〉、〈釋私論〉、〈管蔡論〉、〈明膽論〉、〈宅無吉凶攝生論〉、〈難自然好學論〉……等。兩個或數個文人針對一個共同主題，先後為文反覆辨難析理，是魏晉時代知識界的一個普遍風氣。〈聲無哀樂論〉是古代樂論中的名篇，嵇康在文中借用「秦客」與「東野主人」的對話過程，來反駁傳統儒家樂論的觀點。秦客代表傳統樂論的觀點認為「治世之音安以樂，亡國之音哀以思」，也就是說音樂是源自人受外部環境刺激所引起的情感波動。但嵇康以東野主人之口來反駁說：「夫哀心藏於內，遇和聲而後發，和聲無象而哀心有

主。」他強調音樂只是單純的物理現象，本身不帶有情感或情緒。是人的情感已經隱伏在意識中，後來被音樂所引動出來，並不能因此將音樂與情感劃上等號。嵇康本人非常醉心於養生，還特別著有〈養生論〉一文，文中結合老莊思想與道教方術提倡形神兼養之說，是魏晉時代養生思想的代表之作。而〈管蔡論〉則是為起兵反對周公，在歷史上被視為叛臣的管叔、蔡叔做翻案，認為管蔡並非逆臣，只是所處位置與周公不同而已，可說是大大挑戰了正統儒家的歷史詮釋觀點。我們從中以上三論就可感受出，嵇康不但學識豐富而且也是一位觀念活潑、別出新裁的思想家。

案：《世說新語·文學》記載晉朝名臣王導在南渡之後「止道聲無哀樂、養生、言盡意，三理而已，然宛轉關生，無所不入」，王導所好論的這「三理」皆是當時文人辨難的流行主題，其中就有兩個主題與嵇康的論文重疊。

嵇康部份哲理散文的重要觀點

著作	觀點
〈釋私論〉	主張「心無措乎是非」，反對固定的立場和思維模式。
〈聲無哀樂論〉	主張聲音和情感沒有絕對的關係，反對〈樂記〉以來的看法。
〈養生論〉	主張以清虛節慾的原則來養形養神。
〈管蔡論〉	認為管蔡並非逆臣，只是所處位置與周公不同而已。
〈明膽論〉	人性中的「明智」與「膽量」是不即不離的辯證關係。

第三四回
魏晉清談與言意之辨：
得意而忘象，得象而忘言

「清談」是魏晉時期流行於知識分子與名士間，針對特定主題進行口說論辯的一種活動。論辯的主題很多，從名理玄言到實際社會政教問題應有盡有。「清談」的起源最早可追溯到東漢品評鑒識人物的風氣，在那時候這種活動稱為「清議」。因為薦舉是東漢入仕的主要途徑，因此品鑒人物才性的高低就成了當時清議最重要的主題，也是後來清談風氣的源頭。到了曹魏之後清談的主題越來越多，從早期的品鑒人物擴展到各種玄理命題，皆可成為名士清談論辯的主題，像是魏晉玄學最重要的三部經典（三玄）——老、莊、易，也是當時流行談論的題目來源。清談是魏晉名士的一種時尚活動，當時許多重要的玄學家也身兼清談名家，清談活動也就間接刺激了玄學理論的發展。不過清談活動發展到後來主題與內容越來越玄虛，與實際政務日用脫節，因此在日後的歷史評價裡也成了需要為神州陸沉負責的歷史罪愆之一。

清談是透過言說（語言）來辯論道理（意義）的活動，因此士人在進行這種活動時就會引發出一個思考：「魏晉玄學與清談所探討的主題往往是屬於形上世界的命題，不過語言卻是不折不扣經驗世界的產物，我們用經驗世界的符號來表現形上世界的訊息，這中間是否會有落差？如果有落差的話那該如何彌補？」這個問題在魏晉時期就所謂的「言意之辨」。有關魏晉時期「言意之辨」的觀點大約有三種：

第一種是所謂的「言不盡意」說,此說以魏初荀粲為代表,他主張語言無法完全表達性與天道這類形上思想的內容。第二種則是所謂的「言盡意」說,持此說者以歐陽建為代表。歐陽建主要是針對當時流行的「言不盡意」說,他認為名言(語言)雖然是後起的,不過語言是附著於對象或意義之上,如果對象或意義有所改變,那語言當然也有相應的變化。第三種則是正始玄學名家王弼所提出的「得意忘象」說。他肯定語言或符號(言、象)都有傳達意義的功能,但語言或符號都僅是傳達意義的手段而已,當獲得意義之後就該將前者捨棄,不應該執滯在其中。雖然對於魏晉時期的「言意之辨」我們目前僅可見以上三種觀點,不過從中可見出言意之辨其實是一門討論語言與意義關係的學問,以魏晉清談之風的盛行來看,當時觀點的豐富多元應該遠超過我們現在所知。

第三五回
郭象：小大雖殊，逍遙一也

　　郭象，字子玄，學者考證應生於嘉平四年（西元252年），據《晉書》本傳所載卒於永嘉末年，一生的主要活動時間約在就在整個西晉時期。郭象是元康玄學的代表人物，也象徵魏晉玄學理論發展的高峰。《晉書》本傳對他的紀錄很簡短，說他「少有才理，好老莊，能清言」，可見他非常擅長清談，就連太尉王衍對他的清談功力也很著迷，形容他的清談「如懸河瀉水，注而不竭」。郭象在思想上最重要的著作就是《莊子注》，這也是目前所存年代最早的莊子注本。不過《世說新語·文學》卻有他剽竊向秀（竹林七賢之一）莊子注的記載：「向秀於舊註外為解義，妙析奇致，大暢玄風。……郭象者，為人薄行，有俊才。見秀義不傳於世，遂竊以為己注。乃自註〈秋水〉、〈至樂〉二篇，又易〈馬蹄〉一篇，其餘眾篇，或定點文句而已。」因為向秀的注本現僅存殘言碎語，所以郭象的《莊子注》是否真的抄襲自向秀，或抄襲的成分有多少，目前已難確定。不過當代學者多贊同湯一介先生的看法，認為郭象的莊子注儘管有承襲自向秀的部分，不過卻是在向秀的基礎上「述而廣之」，其中有因有革，不應該完全否認郭象的代表性地位。

　　郭象的《莊子注》雖然是依莊子本文做發揮注解，但卻往往別出新奇有「創造性」的詮釋，而他詮釋莊子的方法就是用所謂的「寄言出意」，也就是說我們在解讀經典時不能只完全依從文字的表面意義來做解釋，而是要透過表面文字來瞭解作者所要傳達的「言外」之意。例如《莊子·逍遙遊》談到「堯讓天下於許由」這一段，莊子本

文的原意很明顯是貶堯贊許，不過郭象卻認為這只是文字的表象，這段文字的真正主旨應該是貶許贊堯，因為堯才是真正讓天下大治之人。透過這種方式，郭象對莊子原文的確達到了「妙析奇致」的效果。而郭象《莊子注》中另一個重要的觀念──「適性逍遙」，也是以這種寄言出意的方式來呈現。以《莊子‧逍遙遊》裡的大鵬與蜩鳩為例，莊子在原文中是用這兩種對象來象徵體道境界的高低，但郭象卻認為不管自己的地位身分為何，只要能安天賦的本性，也就是當下的地位與條件，就可以達逍遙之境。從某個角度來看郭象其實大大曲解了莊子本意，但這種「寄言出意」的思考模式卻也為魏晉玄學的發展開出了新境界。

郭象的思維方法：寄言出意

1 以「堯讓許由」為例

人物	原文	寓意
莊子	堯讓天下於許由，……許由曰：「子治天下，天下既已治也。而我猶代子，吾將為名乎？名者，實之賓也，吾將為賓乎？鷦鷯巢於深林，不過一枝；偃鼠飲河，不過滿腹。歸休乎君！予無所用天下為。庖人雖不治庖，尸祝不越樽俎而代之矣。」	許由不願以名累實，境界高過堯。
郭象 求言外之意	人能令天下治，不治天下者也。故堯以不治治之，非治之而治者也。今許由方明既治，則無所代之。而治實由堯，故有子治之言。	堯行不治之治，許由無以代之，所以許由不如堯。

2 以「大鵬與蜩鳩」為例

人物	原文	寓意
莊子	鵬之背，不知其幾千里也；怒而飛，其翼若垂天之雲。是鳥也，海運則將徙於南冥。…… 蜩與學鳩笑之曰：「我決起而飛，槍榆、枋，時則不至而控於地而已矣，奚以之九萬里而南為？」適莽蒼者三湌而反，腹猶果然；適百里者宿舂糧；適千里者三月聚糧。之二蟲又何知！	用「大鵬」的大和「蜩鳩」的小，來比喻高低不同的體道境界。
郭象 求言外之意	夫小大雖殊，而放於自得之場，則物任其性，事稱其能，各當其分，逍遙一也，豈容勝負於其間哉	認為「大鵬」與「蜩鳩」雖然大小殊異，但只要各當其分，皆能任性逍遙。

第三六回
裴頠：夫總混群本，宗極之道也

　　西晉時期著名的玄學家除了郭象之外，還有一位就是出身顯貴的裴頠。裴氏一族自曹魏時代起就擔任要職，惠帝即位後裴頠封國子祭酒兼右軍將軍，後來被趙王司馬倫所殺害，時年三十四歲。《晉書》本傳裡說他「弘雅有遠識，博學稽古，自少知名」、「時人謂頠為言談之林藪」，可見除博學之外他也非常擅長清談。「林藪」是指草木生長得很茂盛，這裡比喻裴頠在清談時論點滔滔不竭，讓對手無言可對。最能代表裴頠思想立場的文獻就是他的〈崇有論〉，這篇文章是針對王弼、何晏的「貴無論」而發。正始玄學的貴無論雖然只是對宇宙萬物形上本體的一種解釋，不過卻造成崇虛棄禮的不良社會風氣，也給部分士人的「越名教而任自然」的價值觀提供了一個思想上的理據。裴頠是一個以儒家傳統禮教為信仰的人，對當時「不尊儒術」、「風教陵遲」的士風非常不能接受，所以就用釜抽薪之法要根本打倒「浮虛派」的理論根基。

　　〈崇有論〉一開頭就揭示「夫總混群本，宗極之道也」，宗極之道就是指世界的本體，這本體並非抽象的「無」而是「群本」，也就是世界上的所有的個體實物。因此追本溯源後他認為「是以生而可尋，所謂理也。理之所體，所謂有也」，所以世界的終極理據是「有」，而不是何、王所說的「無」。不僅萬物是因「有」而存，「有之所須，所謂資也。資有攸合，所謂宜也。擇乎厥宜，所謂情也」，因為眾有的彼此依存，而形成了適合人情的秩序和文明。從有形的眾物群生，到無形的禮義倫常，都是從「有」而生。裴頠積極的主張以

「有」為體，是為了強調禮制存在的正當性，因為「賤有則必外形，外形則必遺制，遺制則必忽防，忽防則必忘禮」，如果否定「有」的世界觀，那麼人類文明及經驗世界中的一切秩序及綱常，都失去了存在的正當性。

裴頠甚至直接批評正始玄學的理論來源《老子》，其云：「觀老子之書雖博有所經，而云有生於無，以虛為主，偏立一家之辭，豈有以而然哉！」最後他再次強調唯有能生有，無不可能生有：「夫至無者無以能生，故始生者自生也。自生而必體有，則有遺而生虧矣」。其實他的崇有之說是緣於維護禮教的外部動機，而非單純觀念的探索和辯析，所以他所反對的並非玄理本身（畢竟他本人也是談玄名家），而是當時以崇玄為藉口的蕩浪士風。

裴頠〈崇有論〉論「貴無」觀念所造成的不良社會風氣

1　思想與修養的墮落

（1）薄綜世之務，賤功烈之用

（2）高浮游之業，卑經實之賢

（3）人情所殉，篤夫名利

（4）砥礪之風彌以陵遲

2　放蕩者的諸多不良作為

（1）悖吉凶之禮，而忽容止之表

（2）瀆棄長幼之序，混漫貴賤之級

（3）其甚者至於裸裎，言笑忘宜，以不惜為弘士，行又虧矣

第三七回
孫盛：因應無方，唯變所適

雖然西晉政權結束了三國時代的紛擾，但晉武帝辭世、晉惠帝即位後，不同派系的司馬氏皇族和權臣，為了爭奪朝政的掌控權發動了一連串的政爭和戰爭，史稱「八王之亂」。整個國家因這場變亂分崩離析、支離破碎，並引發了北方草原民族興兵南下（即「永嘉之禍」），僅維持不到半世紀的西晉王朝因此覆亡。大批的漢人及世族為了躲避戰禍紛紛往南方長江地區移動，琅琊王司馬睿在群臣擁護下在建康（今南京）即位稱帝，是為晉元帝，開啟了東晉王朝的歷史。

孫盛，字安國，太原中都人，祖父孫楚和父親孫恂都擔任過太守。孫盛在十歲時遭迎世變南渡，長大後熱衷於清談活動，本傳稱其「善言名理」，在當時殷浩是公認排名第一的清談名家，但唯有孫盛能和他抗衡。除了清談之外孫盛也擅長用寫作來論玄理，他最有名的兩篇玄學著作就是〈老聃非大賢論〉、〈老子疑問反訊〉。孫盛在〈老聃非大聖論〉先對「大聖」與「大賢」做了定義和區分，而且在「大賢」之下又列了「中賢」一等。巢父、許由、老子、彭祖四人因「去聖有間」、「不得玄同」，僅得列入「中賢」。而在孫盛心目中大聖的第一人非孔子莫屬，這是魏晉玄學家一貫的看法，孫盛並未有歧出，但是他貶老揚孔並非出於名教的立場，如〈老子疑問反訊〉所言：「堯孔之學，隨時設教，老氏之言，一其所尚。隨時設教，所以道通百代。」也就是說老子之學滯於一偏，不像堯孔之道不滯於適變。為何孫盛會說老子滯於一偏呢？因為老子是玄學「貴無」論的理據源頭，但孫盛也非主張崇有，他掊老的主要動機，其實是要超越有、無兩方

的爭執,如〈老聃非大聖論〉所云:「昔裴逸民作崇有、貴無二論時,談者或以為不虛達勝之道者;或以為矯時流遁者。余以為尚無既失之矣;崇有亦未為得也。」孫盛同時批判了正始玄學以降貴無、崇有的論辯,認為兩方互執一偏互較勝負,都只是「不達圓化之道,各矜其一方者耳」。也就是說孫盛是從「玄同有無」、「圓化之道」的立場出發來化解玄學理論中有、無兩派的爭議,他認為「有」或「無」只不過是大道之一面、殊異的名相,唯有冥合有無才能真正洞鑒玄化之道。所以孫盛和其他談玄名士沒什麼不同,他的「圓化之道」還是遵循著玄學家以形上本體來融通差異的一貫理路。

孫盛〈老聃非大聖論〉:
以「玄同有無、圓化之道」為最高標準

分類	說明	舉例
大聖	大聖乘時,故迹浪於所因。 因時乘勢建立功業,玄同有無,境界最高。	文王、孔子
大賢	大賢次微,故與大聖而舒卷……大賢庶幾觀象知器,觀象知器豫籠吉凶。豫籠吉凶,是以運形斯同御治因應。 追隨大聖的玄心觀萬象因務,去捨行藏,境界次高。	箕子、顏回
中賢	冥體之道未盡,自然運用自不得玄同。然希古存勝高想頓足,仰慕淳風專詠至虛,……故亦非故然理自然也。 僅效慕大聖大賢的外表行迹,未能冥合自然、體道達玄,境界最低。	巢父、許由、老子

第三八回
張湛及《列子注》：明群有以至虛為宗

　　張湛，字處度，高平人，東晉中後期著名的玄學家，曾任中書侍郎。因為《晉書》無張湛的本傳，因此我們現在對他的生平行跡並不清楚，他在中國思想史上會佔有一席之地，主要是因為《列子注》這部書。《列子》相傳是戰國時代的列禦寇所著的一部子書，《漢書・藝文志》即載《列子》八篇，不過大部分的學者都認為現在所傳《列子》一書並非漢代的原書，其中已經摻入了不少魏晉人士的作品，甚至張湛本人可能也參加了造偽的工作。

　　張湛在《列子注》的序文中說，張湛的祖父是王弼家族的外甥，所以少年時常有機會得以一窺王家的豐富藏書，並且趁機「竸錄奇書」，《列子》就是其中一本。永嘉之禍時父親與朋友一起挾書南渡，因為攜書不便逃難趕路，所以許多文獻只好中途中就地放棄，最後到江南時「《列子》唯餘〈楊朱〉、〈說符〉、〈目錄〉三卷」。張湛後來再從其他中藏書者手中收集了殘卷，「參校有無，始得全備」，甚至還另外做注。今傳《列子》按章節分為〈天瑞〉、〈黃帝〉、〈周穆王〉、〈仲尼〉、〈湯問〉、〈力命〉、〈楊朱〉、〈說符〉等八篇。張湛在序中文還總結了《列子》的宗旨：「明群有以至虛為宗，萬品以終滅為驗」、「所明往往與佛經相參，大歸同于老莊」，可見張湛本人對列子思想的詮釋，就已經帶有寂滅無常的佛教色彩。

　　當代學者皆認為張湛的注文代表了魏晉玄學理論最後一波高峰，

也開啟了「玄佛交融」的新趨向。而且張湛在注文中引用了不少何晏、王弼、向秀、郭象的言論資料，在文獻保存上有很大的功勞。

張湛的玄學思想一般被稱為「貴虛論」，簡單來說就是以「太虛」為宇宙萬物的本體，如〈天瑞篇注〉所云：「夫含萬物者天地，容天地者太虛也」，但發生於經驗世界中的一切的現象變化及離合遷流，卻是屬於「動用之域」的層次，如〈天瑞篇注〉所云：「雖天地之大，群品之眾，涉於有生之分，關於動用之域者，存亡變化，自然之符」。但太虛之域仍然是一切現象的本體，所以「雖天地之大，猶安於太虛之域」。然而張湛主張的「太虛」雖是世界之本，但卻是一個不生不化的本體，也就是他要在「諸行無常」的現象界中，建立一個「寂然不動」的恆常世界，並進而超脫人間的生死與苦難。

張湛《列子注》對「太虛」的定義與描述

1 天地萬物皆依附於「太虛」

凡有形之域皆寄於太虛之中，故無所根蒂。（《列子・湯問篇注》）

2 「太虛」恍惚飄渺，非人人可觸及

太虛恍惚之域，固非俗人之所涉。心目亂惑，自然之數也。（《列子・穆王篇注》）

3 「太虛」廣闊無極，天地萬物皆只是其中一塵芥

太虛之遼廓，巨細之無垠，天地為一宅，萬物為遊塵。（《列子・湯問篇注》）

4 萬物隸屬於天地，天地隸屬於「太虛」

夫含萬物者天地，容天地者太虛也。(《列子・湯問篇注》)

「太虛」與「天地」的對比

太虛之域	容天地	無窮	至無之極	形上
天地	含萬物	有限	有方之域	形下

第三九回
格義與大乘般若學：擬配外書，為生解之例

　　以目前可考文獻來看，佛教傳入中國的時間不會晚於東漢，《後漢書‧楚王英傳》曾說楚王劉英：「晚節更喜黃老，學為浮屠齋戒祭祀。」如從劉英信奉佛教一事來看，佛教最初傳入中國本土的時間應該更早。在魏晉玄學盛行的年代，佛教也開始在社會的各階層之中開始流播，從貴族到民間都有信仰者。在魏晉時代許多名僧高士甚至享有極高的聲望，而世族中的名流貴冑也樂與這些高僧交遊。雙方在交流的過程之中，逐漸促成了佛理與中土思想的第一次融合。

　　在魏晉時期因為佛教剛傳入中土未久，許多高僧為了將佛義能更快的推廣給一般士人，並拉近中土思想與佛教的距離，因此便引用中國固有的哲學辭彙與概念，來比附、翻譯或詮釋佛理中近似的概念。這種方法稱作「格義」，相傳是由當時的名僧竺法雅開始採用的，慧皎《高僧傳》卷四有云：「竺法雅，河間人，凝正有器度，少喜外學，長通佛義，……雅乃與康法朗等，以經中事數，擬配外書，為生解之例，謂之格義。」而被「擬配」比率最高的中國本土思想，以老莊學說為冠。如《高僧傳》卷六在談到高僧慧遠說法時有云：「年二十四，便就講說。……遠乃引《莊子》義為連類，於是惑者曉然。」老莊二書是魏晉玄學的思想理據，玄、佛兩家就通過格義的方式而開啟了交流的先河。

　　印度原始佛教有分大乘及小乘兩派，東漢末年原為月氏國人的支

婁迦讖來到洛陽,並於漢靈帝時翻譯完成《道行般若經》、《兜沙經》等佛經,首開先例將大乘佛教的「般若學」思想傳入中國。而後來般若思想在魏晉時期成為影響最大的佛理之一,魏晉玄學實有推波助瀾受之助。到西晉的名僧道安曾在〈鼻奈耶序〉曾提到這樣的情況:「經流秦地,有自來矣。隨天竺沙門所持來經,遇而便出。於十二部,毘曰羅部最多。以斯邦人莊老教行,與方等經兼忘相似,故因風易行。」當時的高僧常援用玄學的兼忘、本無來「格義」般若學的「假有性空」思想,也因此讓般若思想很快為當時的士人所瞭解接受。《世說新語・文學》有記載:「殷中軍被廢東陽,始看佛經,初視《維摩詰》,疑般若波羅密太多,後見《小品》,恨此語少。」殷中軍(殷浩)是當時的清談名家,而《維摩詰》是般若經典,尤此恰可見出魏晉士人對般若學的著迷。

印度原始佛教的教義架構

三印法		
諸行無常	諸法無我	涅盤寂靜

四聖諦			
苦	集	滅	道

十二因緣											
無明	行	識	名色	六入	觸	受	愛	取	有	生	老死

第四十回
六家七宗：無在萬化之前，空為眾形之始

　　隨著般若學開始在中土開枝散葉，並與魏晉玄學結合開始出現本土化的家派，而魏晉時期的本土化般若學派以「六家七宗」為代表。「六家七宗」名稱最早出於南朝宋曇濟《六家七宗論》，不過這篇文獻現在已經亡佚，是從梁代寶唱法師所撰《續法論》曾經引用所得知，不過本論後來也未傳世。直到唐代元康《肇論疏》才對「六家七宗」有比較完的紀錄：「論有六家，分成七宗。第一本無宗，第二本無異宗，第三即色宗，第四識含宗，第五幻化宗，第六心無宗，第七緣會宗。本有六家，第一家為二宗，故成七宗也。」這六家七宗的第一手文獻都沒有保留下來，所以我們現在對六家七宗的瞭解，都是根據隋代吉藏的《中觀論疏》及其他文獻所引用的相關資料來做推測。

　　七宗之中第一為「本無宗」，主要的代表者為道安，主張一切諸法本性皆是空性，世界之萬物為末有，非萬物真實之本性。第二為「本無異宗」，主要代表者為竺法深，此宗主張一切萬有皆從「無」而生，有不能生萬法。本無異宗和本無宗的差別在於，本無宗認為萬法雖是空義，但皆是因緣無自性，非由空生出萬法。第三為「即色宗」，主要的主張者為支遁，字道林，是東晉佛教思想代表人物之一，擅長老莊學。支遁曾著有《即色游玄論》闡明即色義，其要旨大約是說現象或物質（色）存在是由因緣而生，其本身並無自性，從其名來看已是空義，故曰「色即為空」。第四為「識含宗」，主要的代表者為于法開，此宗將萬法存在是原由歸諸為心識的作用，因為萬有只

存於心識中,當識滅萬有即滅,故萬有其本性皆空。第五為「幻化宗」,主要代表者為道壹,主張一切萬法皆如幻影無自性,故其本性皆空。第六為「心無宗」,主要的代表者為支愍度、竺法溫等,此宗雖然承認心外為「有」,但以心對物不起執念來證萬物皆空義。第七為「緣會宗」,主要代表者為于道邃,主張一切法因緣而生故有,但法散後歸諸無,故一切法本性皆空。

由以上摘要介紹可知,「六家七宗」可說是印度佛教中的般若學派,在中土落地生根後與魏晉玄學融合蘊育出的第一期成果,各家各派針對般若的共法——「空」義,發展出各具特色的理解。但隨著佛學在中國日益壯大,他們對空義理解也被後起之秀給一一超越了。

「六家七宗」目前所存文獻

本無宗	吉藏《中觀論疏》談到本無宗有云:「謂無在萬化之前,空為眾形之始。夫人之所滯,滯在末有。」
本無異宗	安澄《中觀疏記》談本無異宗有云:「壑然無形,而萬物由之而生者也。有雖可生,而無能生萬物。」
即色宗	支遁《即色游玄論》:「色之性也,不自有色,色不自有,雖色而空,故曰色即為空,色復異空。」
識含宗	吉藏在《中觀論疏》介紹此宗所云:「三界為長夜之宅,心識為大夢之主。今之所見群有,皆於夢中所見。」
幻化宗	吉藏在《中觀論疏》引用道壹有云:「世諦之法,皆如幻化」
心無宗	吉藏在《中觀論疏》介紹此宗有云:「心無者,無心於萬物,萬物未嘗無。」
緣會宗	安澄在《中觀疏記》介紹此宗要旨云:「緣會故有,是俗;推拆無,是真。」

僧肇對三家的批評

宗派	原典	主張
心無宗	心無者，無心於萬物，萬物未嘗無。此得在於神靜，失在於物虛。(《不真空論》)	沒有辦法只靠「心無」取消萬物的存在。
即色宗	夫言色者，但當色即色，豈待色色而後為色哉？此直語色不自色，未領色之非色也。(《不真空論》)	只論證了萬物非自成，但沒有辦法證成萬物非實存。
本無宗	本無者，情尚於無，多觸言以賓無。故非有，有即無；非無，無亦無。尋夫立文之本旨者，直以非有非真有，非無非真無耳。何必非有無此有，非無無彼無？此直好無之談，豈謂順通事實，即物之情哉？(《肇論》)	過於強調名言概念，又而被名言概念所囿。

第四一回
僧肇：智無知，故能玄照於事外

　　繼六家七宗之後，將中國本土的般若學推上另一高峰的學者就是僧肇。而談到僧肇不能不先說他的老師「鳩羅摩什」。鳩摩羅原是西域龜茲國人（今新疆庫車一帶），生卒年約是在西元三三四年至四一三年間，先是被前秦的統治者苻堅的大將呂光俘虜至涼州，並被軟禁在當地十八年（當時呂光建立的政權史稱「後涼」）。大約西元三九八年的時候，僧肇不遠千里到後涼拜入鳩羅門什的門下，後秦弘始三年（西元401年），姚興攻滅後涼將鳩羅摩什迎接至長安，僧肇也就追隨老師一起進入長安。

　　僧肇是京兆人，出身貧苦，曾以抄書為生計，生卒年約是在西元三八四年至四一四年間，卒時僅三十一歲。早年曾醉心於《老》、《莊》，但後來卻感嘆：「美則美矣，然期神冥累之方，猶未盡善也」。後來讀到了《維摩詰經》才懾服於佛教義理的高妙，因此決定出家習佛。僧肇留下的著作不少，其中《物不遷論》、《不真空論》、《般若無知論》這三篇文獻被後人合稱為《肇論》，是僧肇體現對般若空義深有契悟的代表作。

　　一般人總認為現象事物恆處於變動無止的狀態，但僧肇卻認為事實剛好相反，他在《物不遷論》中指出雖然從表面上來看古今異貌，故常人以為世界恆在遷流，但既然從同一現象中看出「昔物不至今」，那麼正好可證昔物永止於昔、今物永止於今、物物永止於當下。因此從遷流的世界表象中，反而能體悟到不遷的真義。在《不真空論》中僧肇則是闡明「緣起性空」的觀念，認為現象的有或無（一

切法）皆是由因緣而生。但這並不是否定一切法的存在，而是說明一切法的本性非實有（不真），故證其本性為「空」。《般若無知論》則是闡明最高智慧的般若其性質，及般若如何以無知之知證空義。首先，般若智能直觀一切諸法實相的原因就在其「無知」，如該論云：「智有窮幽之鑒，而無知焉；神有應會之用，而無慮焉。」這裡的無知是指不受諸法（知識）所執而直悟空性，而這種無所執的智慧不只證空，還能遍照世間萬物的實相，所以般若可說是一種無知而無不知的智慧。從以上對三篇《肇論》的摘要介紹可知，般若學發展到僧肇之手後，不但已經越發成熟而且也在中土的思想環境裡紮根茁壯了。

僧肇三論如何證「空」

1 物不遷論

> 人之所謂動者，以昔物不至今，故曰動而非靜。我之所謂靜者，亦以昔物不至今，故曰靜而非動。動而非靜，以其不來。靜而非動，以其不去。

於遷流的萬物中領悟不遷的空境。

2 不真空論

> 若有不自有，待緣而後有者，故知有非真有。有非真有，雖有，不可謂之有矣。不無者，夫無則湛然不動，可謂之無。萬物若無，則不應起，起則非無，以明緣起，故不無也。

萬物皆是因緣而生，所以一切萬有皆非實有，以此來證空境。

3　般若無知論

是以聖人虛其心而實其照,終日知而未嘗知也。故能默耀韜光,虛心玄鑒,閉智塞聰,而獨覺冥冥者矣。然則智有窮幽之鑑,而無知焉;神有應會之用,而無慮焉。神無慮,故能獨王於世表;智無知,故能玄照於事外。智雖事外,未始無事;神雖世表,終日域中。所以俯仰順化,應接無窮,無幽不察,而無照功。

以無知之知的般若來證空境。

第四二回
竺道生：一念無不知者，始乎大悟時也

　　鳩羅摩什門下傑出的學生除了僧肇之外，還有另一位就是竺道生了，俗姓魏，鉅鹿人（今河北平鄉），生年可能是西元三五五年，卒年則是在西元四三四年（劉宋元嘉十一年）。竺道生出生於官宦世家，早年追隨竺法汰出家，故改姓竺。竺道生本來在僧伽提婆的門下學習小乘佛法，後來聽聞鳩摩羅什被姚興迎接至長安後，便轉而拜入鳩摩羅什的門下習佛之外，並協助他翻譯佛經。雖然竺道生的著作很多，可惜大部分皆已亡佚只留下隻言片語，但其中的「闡提有佛性」和「頓悟成佛」二說，卻對日後佛學的發展產生了很大的迴響。

　　先談「闡提有佛性」論。東晉名僧法顯曾譯了六卷的《泥洹經》（即《涅槃經》），其中曾提到：「一切眾生皆有佛性在於身中，無量煩惱悉除滅已，佛便明顯，除一闡提。」但竺道生認為此說有漏，他主張既然人人皆有佛性，那闡提亦然。但他這個觀點卻被當時的建康僧團認為離經叛道，甚至對他加以處分，在西元四二八年左右他不得已只好離開建康，遠赴廬山去宣道講經。後來四十卷全本的《涅槃經》被譯出後，裡面果然有闡提皆有佛性的說法，竺道生才重新獲得平反。也因為他對自己信仰理念的執著，以及對知識真理的堅持，讓他一時名聞天下，還被世人尊為「涅槃之聖」。

　　竺道生另一著名觀點就是「頓悟成佛」論。關於於成佛的歷程，佛學界一直有「頓悟」及「漸悟」兩派不同的路線爭論。其實較早的

支道林已經提出頓悟成佛的說法，而竺道生後來也提倡頓悟之說，但兩人對頓悟的定義和解釋有所不同，因此支道林之說被稱為「小頓悟」，竺道生之說被稱為「大頓悟」。慧達《肇疏論》曾引竺道生的「大頓悟」說：「夫稱頓者，明理不可分，悟語極照。以不二之悟，符不分之理。理智恚釋，謂之頓悟。」就竺道生看來因為「理不可分」，所以對佛理的悟解應該是一次領會其全體大要，不應該是由部分逐次累積成全體的過程。另外竺道生在《維摩經注》中亦云：「一念無不知者，始乎大悟時也。」也是強調對全體的領會是一次到位，不可能是分次分批而成的。竺道的「大頓悟」說在當時就產生了很大的影響力，謝靈運就特別作了〈辨宗論〉來闡釋頓悟之義。而後來唐代的禪宗，就更是一支以「頓悟」為核心教旨的佛教宗派了。

支道林和竺道生的「頓悟」說比較

人物	支道林	竺道生
頓悟說	小頓悟	大頓悟
原典	《世說新語‧文學》注引《支法師傳》：「法師研十地，則知頓悟於七住。」	竺道生《維摩經注》：「一念無不知者，始乎大悟時也。以向諸行終得此事，故以名焉。以直心為行初，義極一念知一切法，不亦是得佛之處乎？」
內涵	強調漸修，由淺入深。雖然「十住」是最高妙階，但以「七住」為悟道的界線，雖此境尚未成佛，但已漸入真如之境。	強調一次全悟，不可分階段。要完全達到佛境，才可稱為頓悟。但並不否定漸修的必要性，頓悟仍須要有先行工夫。

第四三回
《大乘起信論》：一心開二門

　　《大乘起信論》是南朝末到初唐之間一篇重要的佛教文獻，舊題為「馬鳴」所撰，真諦法師所譯。但自古以來懷疑此書是偽造的學者很多，像近代的梁啟超曾作〈大乘起信論考證〉，斷此書是當時的中國佛教徒所著，並非傳自於印度的佛教原典。就算此書非印度原典，但其中理論在中土的佛教發展史上具有非常重要的意義。《大乘起信論》是屬於大乘佛法的真常心一系，與般若一系有別，其全書主旨就是「一心開二門」。

　　所謂「一心開二門」即是先肯定一「真如心」之最高主體，以此主體來統攝萬法。即如《大乘起信論》本文所云：「摩訶衍者，總說有二種：云何為二？一者、法，二者、義。所言法者，謂眾生心；是心則攝一切世間法出世間法；依於此心，顯示摩訶衍義。何以故？是心真如相，即示摩訶衍體故；是心生滅因緣相，能示摩訶衍自體相用故。」其中的「摩訶衍」是指大乘佛理。由世間萬法所出之眾生心，皆可當下體證清淨之「真如心」，此心不但能攝世間之一切法，更能顯大乘理境。以上是就「法」來說，另外就「義」來說則有三義，分別是「體大」、「相大」、「用大」之三義。

　　而真如之心又有「真如」及「生滅」兩種法門，如其云：「顯示正義者，依一心法有二種門：云何為二？一者、心真如門，二者、心生滅門；是二種門，皆各總攝一切法。此義云何？以是二門不相離故。」本書作者先表明，這兩門能各攝一切法是因此兩門「不相離」之故，並非此兩門各自獨立各攝萬法。因此接下來則說此兩門的內涵

及關係:「心真如者,即是一法界大總相法門體,所謂心性不生不滅。一切諸法,唯依妄念而有差別,若離心念,則無一切境界之相。是故一切法,從本已來,離言說相,離名字相,離心緣相,畢竟平等,無有變異,不可破壞。唯是一心,故名真如。」所以「一心」即是指真如之心,此心含攝世間全體法相及生滅妄念,離生滅即不可見真如,兩門缺其一對方亦無可憑藉。如勞思光先所言此兩門是就「心之兩方向而說」,主體性超越了生滅即真如,主體性有違真如的話即是生滅。《大乘起信論》儘管出於偽造的可能性非常大,不過其理論以真常心下開真如、生滅二門並收攝所有萬法為基礎,可說是日後中國三宗(天台、華嚴、禪宗)的理論先河。

第四四回
慧遠、范縝：
形盡神不滅與形盡則神滅

　　在佛教的道德觀與倫理觀中，轉世輪迴與因果報應是一個重要的觀念。畢竟然從王公貴族到普羅庶眾，雖然不見得人人都能懂高深的佛理，「輪迴因果」這樣的觀念卻很容易深植人心，形成一種懲惡勸善的道德機制。但轉世輪迴的觀念要能成立必須要先確認一個前提，就是每個接受報應的對象都有一個精神主體（也就是「神」）恆久永存，並且能轉移到下一世的血肉之軀（也就是「形」）。因為唯有如此，所謂的報應之說才能達到實際上的獎懲效果。而這個「神」到底是永世恆存，還是會隨著形體而散滅？就是形神之辯交鋒的重點了。

　　為了讓輪迴報應之說能有堅實的理據，佛教界人士多主張「形盡神不滅」，東晉後期的高僧「慧遠」即是代表人物。慧遠的生卒年是西元三三四年至四一六年，俗姓賈。他年輕時精通老莊之學，後來仰慕高僧道安的大名而拜入其門下。建元十四年（西元378年）苻丕攻陷了襄陽，道安被太守朱序限制了活動，慧遠就奉道安命至江南弘揚佛法。慧遠的著作雖然大部分散佚，不過在他的〈沙門不敬王者論〉五篇中的〈形盡神不滅〉，是當時形神之辯的重要文獻。通常一般人會直覺認為不管是精神還是身軀，都是由陰陽之氣所構成，既然陰陽之氣有聚散，那麼氣散之後也就形神皆散了。針對這樣的質疑，慧遠反駁人的身軀和情感雖然是由「氣」所構成，但氣之上還有一個形上的本體存在（神），這本體不會隨著氣的散聚而消亡。

然而反對此說者多為儒家或道家人士，心態上多是從維護先王之道的立場，反對佛教因果輪迴的價值觀。這樣的人物以南朝齊梁的范縝為代表。范縝，字子真，生卒年為西元四五〇年至五一〇年，曾任寧蠻縣主簿及尚書殿中郎，天監六年被任命為中書郎，並寫出了〈神滅論〉一文。此文是以一問一答的形式所寫成，范縝在文中虛擬一個提問者來質疑他的「形盡則神滅」論，范縝則回應他：「形者神之質，神者形之用。是則形稱其質，神言其用。形之與神，不得相異。」既然形神是質用不異的，當然形散則神滅。范縝還以各種事物的現象來比喻形神的質用關係。雖然范縝的推論思理細密，不過在當時佛教和輪迴之理已深入人心，梁武帝蕭衍本人不但信佛甚深，還親自撰文反駁范縝的神滅論。因此，縱使范縝本人有為理念雄辯的勇氣，但卻絲毫沒捍動當時的社會風氣和流行價值。

范縝〈神滅論〉的辯難三例

支持形盡神不滅（佛教）	支持形盡神滅（范縝）
「精神」和「形體」各有名稱，可見兩者是獨立的存在。	精神和身體的關係，恰如鋒利和刀刃的關係一樣。離開了鋒利就無所謂刀刃，離開了刀刃就無所謂鋒利。 原文：神之於質，猶利之於刀。形之於用，猶刃之於利……未聞刃沒而利存，豈容形亡而神在？
樹木的形體沒有知覺，人類的形體有知覺，可見人與樹木之別在於「神」的有無。	人和樹木的形體本質不同，因此人有知覺而樹無知覺，因此不能證明「神」獨立於形體存在。

支持形盡神不滅（佛教）	支持形盡神滅（范縝）
	原文：人之質非木質也，木之質非人質也，安有如木之質而復有異木之知哉！
聖人和凡人的形體並無差別，可見兩者的差異在於「神」，因此可證神是獨立於形的存在。	質地純潔的金有光澤，摻有雜質的金沒有光澤，就像聖人和凡人的差別一樣，因此不能以此證明「神」是獨立於形體存在的。 原文：金之精者能昭，穢者不能昭，有能昭之精金，寧有不昭之穢質。又豈有聖人之神而寄凡人之器，亦無凡人之神而托聖人之體。

第四五回
吉藏與三論宗：
諸佛依二諦，為眾生說法

　　吉藏，俗姓「安」，生於西元五四九年，卒於西元六二三年（即唐高祖武德六年）。其家族源出於安息國，後來為了避仇隙而舉而移居到南方交州、廣州地帶，而後又遷到金陵。吉藏從小就喜愛佛法，七歲時追隨法朗法師於興皇寺出家，正式開啟他終身研佛禮佛的事業。因為他曾在會稽的嘉祥寺駐留過，所以世人又稱他為「嘉祥大師」。所謂的「三論宗」並不是一個有實際組織和團體的佛學教派，而是指以一門以談論和鑽研「三論」為主的佛理學說。而「三論」是指印度龍樹的《中論》、《十二門論》，及龍樹弟子提婆的《百論》。吉藏在佛教史的最大貢獻，就是透過注解經典發揚了「三論」思想的精華，不但讓中國本土的大乘佛教再創理論高峰，對後來唐代佛教三宗的發展也影響甚大。

　　吉藏三論宗思想的核心是「四重二諦」，所謂的「二諦」即「真諦」與「俗諦」。二諦之說主要出於《中論》，如其書云：「諸佛依二諦，為眾生說法，一以世俗諦，二第一義諦。若人不能知，分別於二諦，則於深佛法，不知真實義。若不依俗諦，不得第一義；不得第一義，則不得涅槃。」所謂的「諦」按印順法師所云是指「不顛倒而確實如此的意思」，「世俗諦」即是指從凡俗的現實經驗來說真理，「第一義諦」則是指「聖人智見體悟諸法本相」（印順大師語），也就是諸法皆空之境。為什麼佛要透過凡俗的經驗來說法呢？主要的原因是涅槃之境對俗人或入門弟子來說都太過高深，如果不能藉由凡俗的經驗

來引導，不但無法領悟空性，更無法體認到世俗才是浮虛妄執的假相。唯有先戳破紅塵假相，才能激悟真實義。

所謂「四重」如果我們分階段來說，第一階段是指俗諦（有、空），超越第一階段的第二階段則是真諦（非有、空）。到了第三階段時，有空和非有空都是俗諦，超越兩者的非二非不二又才是真諦，也就是第四階段。這樣追求真諦的過程可以不斷向更高的層次發展，也就是說當某一階段的真諦成為「名言」（世俗經驗）時，就又成為必須被超越的俗諦。這種不斷辯證的求道過程是源自於中觀學派的核心精神，不過這種思維模式不但對後來的佛學影響很大，甚至還啟發了道教重玄學的發展。

吉藏的「四重二諦」說

《大乘玄論》云：「若有若空，皆是世諦；非空非有，始名真諦。三者：空、有為二，非空、有為不二；二與不二，皆是世諦；非二非不二，名為真諦。四者：此三種二諦皆是教門，說此三門，為令悟不三，無所依得始名為理。」

一重	若有若空（二）	世諦
二重	非有非空（不二）	真諦
三重	若有若空（二） 非有非空（不二）	「二」與「不二」—世諦 非「二」與「不二」—真諦
四重	若有若空（二） 非有非空（不二） 非「二」與「不二」	說此三門—世諦 無依此三門（言教之外）—真諦
要不斷向上超越，才能獲致真理			

第四六回
智顗與天台宗：一念無明法性心

　　開皇九年（西元589年）隋文帝的大軍攻破建康城，後主陳叔寶就擒、陳朝滅亡，維持數百年的南北分裂局面又重歸統一。自漢末就傳入中國的佛教，也進入了一個全新的局面。而隋唐時期最重要的三個中國本土佛教教派，分別是「天台宗」、「華嚴宗」和「禪宗」，這三宗都是屬於大乘佛教的真常心系派。首先論「天台宗」，此宗正式的創立者是「智顗」，生於西元五三八年、卒於五九七年。智顗俗姓陳，字德安，他於十八歲時剃度出家，後來在會稽的天臺山將他的思想體系建構完成，因此這個依循他思想所創立佛學門派就被稱為「天台宗」。在智顗名滿天下後，開皇十七年（西元597年）那時仍是晉王的楊廣授予他「智者」的尊號，因此他又被世稱「智者大師」。

　　智顗最重要三部傳世著作是《法華玄義》、《摩訶止觀》、《法華文句記》，這三部著作也成為後來天台宗佛學理論的基礎。天台宗和華嚴宗都創立了一套嚴密的判教理論，所謂「判教」就是為各派佛教教義分判境界的高低及層次，而天台宗的判教是以「五時八教」為其理論規矩及架構。除了判教理論之外，智顗的思想裡有一個重要的觀念叫「一念三千」，而這觀念又與「十界互具」、「百界千如」有密切關係。智顗將所有的生命狀態依高下層次分為「十界」，而每一界又可通往另外九界，所以一界皆有「十如」。而十界互通乃有百界，再乘上一界十如，所以就成了「百界千如」。另外再配合上「三世間」的概念－分別是「眾生世間」、「國土世間」、「五陰世間」，就成了「三千世界」。而所謂的「一念三千」就是指這三千世間及一切法具足於

我們每人皆有的「一念無明法性心」之中，只要在一念之間澈悟法無自性，即可智具這所有的三千法界。智顗還有「一心三觀」之說，所謂三觀即「觀空」、「觀假」、「觀中」，而每一觀皆可互相含攝，此三觀乃一心作用之三個不同面相。因三觀而得的智慧是為「三智」，所得之理是為「三諦」，因此三觀、三智、三諦也同樣是一法三相的圓融關係，所以由眾生原初之一心即可漸次開顯出「圓教」的涅槃之境。智顗透過一念無明法性心所呈顯的圓滿佛性，不但為眾生皆可成佛之論建構出一個合理的說明，其圓教之說更將真常心系的佛理發展推向最高峰。

天台宗的判教理論──五時八教

五時 （佛在說法的五階段）	八教	
	化法四教 （教義理論）	化儀四教 （教化方式）
華嚴時 鹿苑時 方等時 般若時 法華涅槃時	藏 通 別 圓	頓教 漸教 不定教 祕密教

第四七回
法藏與華嚴宗：
一攝一切，一切攝一

　　另一個和天台宗一樣在唐代享有盛名的宗派是「華嚴宗」，此派主要是依《華嚴經》的宗旨而立派。華嚴宗的正式創立者是「法藏」，字賢首，本姓康，生於西元六四三年（唐太宗貞觀十七年），卒於西元七一二年（唐玄宗先天元年）。法藏十七歲時即開始聽智儼大師（華嚴宗的理論先驅）講經，正式接觸到了《華嚴經》義理。二十八歲時剃度出家之前曾追隨玄奘從事譯經的工作，不過後來因為理念不同離開了玄奘，轉而拜入智儼大師門下，開創了華嚴宗的基礎規模。

　　華嚴宗和天台宗一樣也有判教理論，不過不同於天台宗以佛說法的五階段來判教，華嚴宗是以義理作為判準，因此有「五教十宗」之說。五教分別是「小乘教」、「大乘始教」、「大乘終教」、「頓教」及「圓教」。十宗則分別是「我法俱有宗」、「法有我無宗」、「法無去來宗」、「現通假實宗」、「俗妄真實宗」、「諸法但名宗」、「一切法皆空宗」、「真德不空宗」、「相想俱絕宗」、「圓明具德宗」。而華嚴宗的核心教義則可從「法界緣起」開始介紹。法界原指不同諸法所形成的領域，而華嚴宗認為法界乃緣起所生，不同法界互相緣起又互相融攝，無限無止盡的不斷發展。而法藏首創「四法界」之說，對整個諸法領域的存在狀態分四階段做一個完全的說明，四法界分別是第一、事法界，從物之現象本身來觀法，各有等差分別；第二、理法界，從現象之理來觀法，萬物皆同一理；第三、理事無礙法界，從理事圓融的角

度來觀法，並領會現象與真如心不離不異；第四事事無礙法界，領會萬法皆由真如而生且互相融攝，一攝一切、一切攝一，重重無盡。類似觀念的還有「六相圓融」之說。

法藏另有「十玄門」之義來說明法界緣起。十玄門分別是「同時具足相應門」、「廣狹自在無礙門」、「一多相容不同門」、「諸法相即自在門」、「隱密顯了俱成門」、「微細相容安立門」、「因陀羅網法界門」、「託事顯法生解門」、「十世隔法異成門」、「主伴圓明具德門」。十玄門的主旨在於法法互攝、具足圓滿，但是其義理頗艱澀深奧，因此法藏特別以「金獅子」為喻，向武則天解說十玄門及法界緣起，即後來華嚴宗的重要教典《金獅子章》。

華嚴宗的「四法界」

事法界	理法界	理事無礙法界	事事無礙法界
物之現象	現象之理	理事圓融	萬法互攝
一切圓融無礙			

法藏以「金獅子」為喻

1　一成一切成，一顯一切顯

> 獅子眼耳支節，一一毛處，各有金獅子；一一毛處獅子，同時頓入一毛中。一一毛中，皆有無邊獅子；又復一一毛，帶此無邊獅子，還入一毛中。如是重重無盡，猶天帝網珠，名因陀羅網境界門。(《金獅子章勒十玄第七》)

2　六相圓融

獅子是總相，五根差別是別相；共從一緣起是同相，眼、耳等不相濫是異相；諸根合會有獅子是成相，諸根各住自位是壞相。(《金獅子章括六相第八》)

第四八回
惠能與禪宗：
本來無一物，何處惹塵埃

　　隋唐之後的中國佛教三宗大體上都是在印度佛典的基礎上再發新義，各自建構出了更具開創性的理論系統。其中禪宗的教義更具特色，其教義主旨強調「教外別傳、明心見性」，不依文字經論傳教，以直觀本心來體證佛性。禪宗的開創者據傳是南北朝時期來華的菩提達摩，不過有關菩提達摩的傳世資料甚少而且多是傳聞。後來禪宗傳五祖弘忍門下有神秀及惠能二人，二人後來分別開創了禪宗的北宗和南宗二派，而禪宗一系也從這兩人開始，才建立了比較明確清晰的教派組織和教派意識。

　　惠能所創立的南宗後來開枝散葉遍及全中國，影響力甚至還超過神秀所創立的北宗，而惠能的教義思想後來也成為禪宗的主流。惠能生於西元六三八年（唐貞觀十二年），卒於西元七一三年（唐開元元年）。由惠能口述、弟子補充整理的《六祖壇經》，不但是惠能思想的代表作，也是體現禪宗精義的最著名經典。而神秀、惠能的思想差異可用「北漸南頓」四字來涵括。《六祖壇經》記載了神秀的一個著名的偈語：「身如菩提樹，心如明鏡臺，時時勤勤拂拭，莫使有塵埃。」從此謁可看出神秀主張要透過工夫的修行，來保持本心都能維持在明澈的狀態，不遭到塵俗的染污。而惠能對應的偈語則是：「菩提本無樹，明鏡亦非臺，本來無一物，何處惹塵埃。」顯然惠能主張的是直接頓悟涅槃空性，塵埃亦菩提。從這兩個偈語就可大致體會出

兩人思想的差異了。

惠能的禪宗思想強調頓悟見性，如《六祖壇經・般若品》所云：「若開悟頓教，不執外修，但於心常起正見；煩惱塵勞，常不能染；即是見性。」如能直從本心見性證空，眾生即能成佛入涅槃，如《六祖壇經・般若品》所云：「不悟，即佛是眾生，一念悟時，眾生是佛。故知萬法盡在自心。何不從自心中頓見真如本性？」除此之外，惠能還有「定慧不二」之說，如《六祖壇經・定慧品第四》所云：「我此法門，以定慧為本。大眾勿迷信定慧別！定慧一體，不是二。定是慧體，慧是定用。即慧之時定在慧，即定之時慧在定。若識此義，即是定慧等學。」簡單來說，慧是指「慧解」（領悟教義），定是指「修行」（做工夫），兩者並行不悖、同時並進。修行者不能只是談論辯難教義卻不做修行實踐的工夫，這樣是永遠不可能達涅槃的。

神秀與惠能之比較

法號	神秀（西元606-706）	惠能（西元638-713）
俗名	俗姓李	俗姓盧
籍貫	汴州（河南尉氏縣）人	嶺南新州（廣東新興縣）人
身分	北宗開創者（漸教）	南宗開創者（頓教）
主張	息滅妄念即覺悟	即本體即頓悟
修行法	坐禪習定	定慧不二
著名偈語	身如菩提樹，心如明鏡臺，時時勤拂拭，莫使有塵埃。	菩提本無樹，明鏡亦非臺，本來無一物，何處惹塵埃。

第四九回
玄奘與唯識宗：阿賴耶識為種子，虛妄分別所攝諸識

　　除了天台、華嚴及禪宗之外，唐代還有另外一派佛教思想聲譽鵲起，即是由玄奘所開創的唯識宗。此宗不以「真常心」為義理的核心，而是強調回歸原始印度佛教教理。開創者玄奘大師俗姓陳，名禕，生於西元六○二年（隋文帝開皇十六年），卒於西元六六四年（唐高宗麟德元年），出生於洛州緱氏縣（今河南省偃師市南方）。玄奘十三歲即剃髮出家開始研習大小乘經義，後來因為對《攝論》的內容有疑惑，因此立下了西行天竺求法的心願。西元六二九年玄奘在沒有得到官方的同意下，私自由長安出發前往天竺求法。於西元六三三年到達了天竺，投那爛陀寺追隨戒賢大師學習瑜伽、唯識諸論。在旅居天竺十二年後，玄奘在西元六四五年（貞觀十九年）返國。回國後奉唐太宗之命專門負責翻譯佛典經論，在六十一歲圓寂前一生共譯有經書一千三百三十八卷，在佛教史上可說是空前絕後。

　　唯識宗源於印度世親、無著所創立的瑜伽學，而瑜伽學思想以世親所著的《唯識三十頌》為代表。而玄奘則根據印度的護法對此宗的詮解，再加上他自己的體會理解，編撰出《成唯識論》一書，此書後來也就成為唯識宗的開基之作及教義的基礎來源。後來玄奘的大弟子窺基又著《成唯識論述記》，將唯識宗的思想繼續發揚光大。唯識宗認為人間的一切虛相幻影皆由心識所起，也就是所謂「唯心所現、唯識所變」。唯識宗將心分為「八識」，分別是「眼」、「耳」、「鼻」、

「舌」、「身」、「意識」、「末那識」及「阿賴耶識」。意識是負責知覺作用，末那識是負責思考作用，而阿賴耶識則是「藏識」，如《成唯識論》所云：「初能變識，大小乘教名阿賴耶；此識具有能藏，所藏，執藏義故。謂與雜染互為緣故，有情執為個內我故，此即顯示初能變識所有自相；攝持因果為自相故。……此中何法名為種子？謂本識中親生自果功能差別。」所以會被稱為藏識是因為有「種子」攝藏在此識之中，個體顯現於外的功能和成分差異，就是源於種子的本性不同所致。而每一識又分成四部分，分別是「相分」（見）、「見分」（所見）、「自證分」（自覺）、「證自證分」（自覺的自覺）。我們主體對於外部世界的認識，就是透過「八識」以及這些繁複的過程所逐步建立出來的。

唯識宗對於主體之心認識外物的功能和原理，還有非常多複雜且龐大的分析。不過到了唐末之後唯識宗的影響力就逐漸衰落，宋元時期修習和研究唯識宗的人極稀，就連此派重要的經典都流散不存。直到清末之後，在「歐陽竟無居士」（1871-1943）及「太虛大師」（1890-1947）的重新闡揚之下，研究風氣才日益振興。

唯識宗將心分「八識」

眼	耳	鼻	舌	身	意識	末那識	阿賴耶識
感官作用，屬淨色根					以境外為對象，負責知覺	思量作用，因思量產生我執	藏識，有「種子」藏攝其中

第五十回
韓愈（一）：性之品有三，而其所以為性者五；情之品有三，而其所以為情者七

　　韓愈，字退之，河南河陽人，以昌黎為其郡望，故又稱昌黎韓愈、韓昌黎。生於中唐代宗大曆三年（西元768年），卒於中唐穆宗長慶四年（西元824年），年五十七歲。韓愈以提倡古文運動聞名，而其古文運動又以儒家思想為核心，故曾自言「非三代二漢之書不敢觀，非聖人之志不敢存」（〈答李翊書〉）。基於儒家經世濟民的使命情懷，韓愈針對當時佛教、道教思想有害國家社會經濟發展甚有批判，尤其〈諫迎佛骨表〉一文，更是反對唐憲宗以官方立場迎接佛骨助長宗教迷信思想的蔓延。而其〈原道〉一文則正面論述儒家經世之道，企圖透過思想理論反駁佛、老，文中所展現的儒家道統思想，不僅影響了當代的儒者，更開啟宋代以後理學家論述道統的風氣。由於韓愈個性耿直，不輕易妥協，因此官宦生涯並不順遂，是以《舊唐書》評其曰「發言真率，無所畏避，操行堅正，拙於世務。」

　　對於人性論的思考，韓愈受漢儒善惡相混及氣稟差異的影響，是以提出性情三品說：「性也者，與生俱生也；情也者，接於物而生也。性之品有三，而其所以為性者五；情之品有三，而其所以為情者七。」（〈原性〉）分三品的目的是為了對應現實中上智、中人、下愚三等人群的才質，其間的差異為：「其所以為性者五：曰仁、曰禮、曰信、曰義、曰智。上焉者之於五也，主於一而行於四；中焉者之於五也，

一不少有焉,則少反焉,其於四也混;下焉者之於五也,反於一而悖於四。性之於情視其品。情之品有上中下三,其所以為情者七:曰喜、曰怒、曰哀、曰懼、曰愛、曰惡、曰欲。上焉者之於七也,動而處其中;中焉者之於七也,有所甚,有所亡,然而求合其中者也;下焉者之於七也,亡與甚,直情而行者也。情之於性視其品。」(〈原性〉)韓愈延續孟子以道德言性,認為人性的本質即是仁、義、禮、智、信五種德性,而情為日常待人接物時的反應,故有喜、怒、哀、懼、愛、惡、欲等七種。人同時又受先天氣稟差異的影響,是以人性、人情的具體表現便隨人的品級而有實質上的差異,故上品的上智之人,在性、情的表現上皆處於最理想的狀態,而下品的下愚之人則經常表現出悖於道德的反應,但對於韓愈來說,大部分的常人則屬於中品的中人,其性、情表現則介於上智和下愚之間,是可受後天引導和教化的一群。

韓愈性、情架構表

人性		
仁、禮、信、義、智		
上品	中品	下品
善焉而已矣	可導而上下也	惡焉而已矣

人情		
喜、怒、哀、懼、愛、惡、欲		
上品	中品	下品
動而處其中	求合其中者也	直情而行者也

第五一回
韓愈（二）：軻之死，不得其傳焉

　　在佛教、道教盛行的唐代，韓愈卻反其道而行，在〈原道〉中闡發儒家思想用以取代佛、老思想的影響，其曰：「凡吾所謂道德云者，合仁與義言之也，天下之公言也。老子之所謂道德云者，去仁與義言之也，一人之私言也。周道衰，孔子沒，火於秦，黃老於漢，佛於晉、魏、梁、隋之間，其言道德仁義者，不入於楊，則入於墨；不入於老，則入於佛。」（〈原道〉）然則，何謂仁、義、道、德？韓愈指出：「博愛之謂仁，行而宜之之謂義，由是而之焉之謂道，足乎己無待於外之謂德。仁與義為定名，道與德為虛位。」韓愈認為道、德二字為虛詞，重要的是仁、義二字的概念，故稱之為定名。以儒家仁、義精神解釋道、德二字，正是否定佛、道思想對道、德的解釋權。

　　經世濟民是儒家仁義思想的具體行為，韓愈援引《禮記・大學》個人與家國天下的聯繫關係再一次否定佛、道的出世思想，並正式提出個人的道統論述：「斯吾所謂道也，非向所謂老與佛之道也。堯以是傳之舜，舜以是傳之禹，禹以是傳之湯，湯以是傳之文、武、周公，文、武、周公傳之孔子，孔子傳之孟軻，軻之死，不得其傳焉。荀與揚也，擇焉而不精，語焉而不詳。由周公而上，上而為君，故其事行。由周公而下，下而為臣，故其說長。」（〈原道〉）韓愈認為古代聖王為民制作、除害的相生養之道，就是後來儒家所謂的仁、義精神，為儒家道統論述的精神源頭，是以儒家道統本不離於人群，與佛、道思想有別。道統的延續必須靠人物代代相傳，因此韓愈列舉古代聖賢人物群，並用「以是」聯繫彼此，回應佛教禪宗衣缽相傳的傳

承脈絡。唯獨孔子接續道統時不用「以是」之詞,顯然韓愈此處接受孟子對孔子有德無位而自覺續統的看法,因此認為孔、孟之道即是古代聖王相生養之道。最後韓愈還檢討了孟子之後傳道之人失落的情形,直言「軻之死,不得其傳焉」。韓愈批判荀子、揚雄,並非刻意數落儒家先哲們,而是就二人是否能發揮孔、孟仁義之道而言。因此韓愈的道統論述,不僅是標舉儒家之道對抗佛、道思想,更在其間凸顯孔、孟之道的精神。孔子自覺承擔古代聖王相生養之道,而孟子又自覺承接孔子之道,是以在韓愈看來,孔、孟之道的失落即是古代聖王相生養之道的失落,為了不使儒家道統失傳,於是韓愈亦暗示自己有承接道統的使命。

1 韓愈提倡儒家道統的現實背景

(1)時代風氣:佛、老思想盛行,儒學思想僵化而式微。
(2)儒學發展:漢、唐繁瑣的章句訓詁,儒生皓首窮經而不知孔、孟之道的真諦。

2 韓愈振興儒學的方法

(1)以古代聖王相生養的倫理綱常批判佛、老的出世思想。
(2)棄傳從經,擺脫五經傳注的章句訓詁,直求聖人核心要旨。
(3)標舉孔、孟儒家道統精神並自任傳道,啟發後儒建構儒家道統論述。

3 韓愈道統論述的精神

(1)將古代聖王相生養之道轉化為儒家仁、義精神。

（2）序列古代聖王相傳的事實，並融入孔、孟自覺續統的傳承。

（3）以孔、孟之道做為後儒續統的標準，並闡述自覺續統的使命。

第五二回
李翱：人之所以為聖人者，性也；人之所以惑其性者，情也

　　李翱，字習之，汴州陳留人，祖籍隴西成紀，生於中唐代宗大曆九年（西元774年），卒於中唐文宗開成元年（西元836年），年六十三歲。唐德宗貞元十四年（西元798年）李翱進士及第，其後歷任校書郎、國子監博士、史館脩撰等，但與韓愈一樣的個性，遂使得李翱的仕途生涯始終坎坷，《新唐書》本傳稱其人「性峭鯁，論議無所屈，仕不得顯官，怫鬱無所發。」李翱深受韓愈的影響，二人不僅結為姻親，李翱更將自己字號改為習之。李翱的文章風格，辭致渾厚，與韓愈、柳宗元同為當時古文運動的中堅人物。

　　李翱〈復性書〉上、中、下三篇文章闡述人之性情關係、聖人與常人的異同以及如何復性的修養工夫。由於對心性的解釋較韓愈〈原道〉深刻，其間雖雜以佛、道思想的工夫論，但對後世理學家的心性論述具有啟發性的作用。在性、情關係上，李翱認為性、情是相分又相即的狀態，其曰：「性與情不相無也。雖然，無性則情無所生矣，是情由性而生；情不自情，因性而情；性不自性，由情以明。」（〈復性書〉）李翱如同其他儒者皆認為情由性而生，但性、情又同時具備相互依存的關係。而此種性、情關係是聖人與常人所共有，只不過聖人常依於性而不惑於情，其曰：「人之所以為聖人者，性也；人之所以惑其性者，情也。喜、怒、哀、懼、愛、惡、欲，七者皆情之所為也，情既昏，性斯匿矣……性者，天之命也，聖人得之而不惑者也；情者，性之動也，百姓溺之而不能知其本者也。」（〈復性書〉）聖人

常依於性而不惑於情，常人反之，因此常人必須透過修養工夫才能達到不惑於情的境界。

　　李翱認為常人的復性工夫是將心思處於無慮無思的寂然狀態，如此才能不受情所影響，故〈復性書〉云：「弗思弗慮，情則不生；情既不生，乃為正思；正思者，無慮無思也……此齋戒其心者也，猶未離於靜焉；有靜必有動，有動必有靜，動靜不息，是乃情也……方靜之時，知心無思者，是齋戒也；知本無有思，動靜皆離，寂然不動者，是至誠也。」由於情是人的心思受到外界事物刺激的反應，因此李翱認為復性的工夫就必須從常人的思慮著手，將外放的思慮收束在寂然不動的至誠狀態上，此便是所謂依於性的境界。不過李翱以寂然之狀言性，強調弗思弗慮的工夫，近於佛教、道教寂滅的修道工夫，因此其滅情思想常被後儒視為是雜以佛、道的修養工夫。

李翱〈復性書〉的聖人盡性觀

> 《易》曰：「夫聖人者，與天地合其德，日月合其明，四時合其序，鬼神合其吉凶；先天而天不違，後天而奉天時，天且勿違，而況於人乎？況於鬼神乎？」此非自外得者也，能盡其性而已矣。子思曰：「惟天下至誠為能盡其性；能盡其性，則能盡人之性；能盡人之性，則能盡物之性；能盡物之性，則可以贊天地之化育；可以贊天地之化育，則可以與天地參矣。」（〈復性書〉上）

1. 融合《禮記・中庸》「誠」及《易傳》「聖人」的概念。
2. 依於性而不惑於情的境界叫做「誠」，將誠體現在自身的行止之中叫做「盡性」。

第五三回
胡瑗、孫復、石介：本朝理學雖至伊、洛而精，實自三先生而始

　　胡瑗，字翼之，泰州海陵人。祖籍陝西路安定堡，故又稱安定先生。胡瑗從小便立志與聖賢為伍，二十多歲時又與孫復一同苦讀十年。這十年中，胡瑗潛心向學，每當收到家書見有「平安」二字，即投之澗中，不以書信擾心。學成後，胡瑗致力於教育工作，《安定學案》稱胡瑗「以經術教授吳中（蘇州），范文正（范仲淹）愛而敬之，聘為蘇州教授，諸子從學焉。」北宋仁宗皇祐四年（1052），胡瑗又擔任中央國子監直講，四方之士無不受其沾溉。

　　孫復，字明復，號富春，晉州平陽人。因舉進士不第，後退居泰山，人稱泰山先生，擅於《春秋》之學，其〈春秋尊王發微〉一文大倡《春秋》尊王思想，為現存最早宋代《春秋》學的論著。石介嘗言：「孫明復先生，畜周、孔之道，非獨善一身，而兼利天下者也。四舉而不得一官，築居泰山之陽，聚徒著書，種竹樹栗，蓋有所待也。」（《宋元學案‧卷二‧泰山學案》）孫復的官宦命運雖不濟，但仍守著儒者操守，躬耕講學，其後范仲淹薦為國子監直講。《宋史‧孫復傳》評論為：「瑗治經不如復，而教養諸生過之。」可見孫復多在儒家經典上多有心得體會，而胡瑗則擅長教誨諸生，尤其將諸生分立「經義」、「治事」二齋方式教導，更是影響後來教育分班分類的觀念。

　　石介，字守道，兗州奉符人。丁父母憂，躬耕於徂徠山下，以《易》教授，故又稱徂徠先生。相較於胡瑗和孫復，石介則致力於提倡儒學道統而闢佛、老。北宋仁宗景祐元年（1034），石介時年三十

歲,任南京留守推官,此時與孫復相識。由於敬重孫復的學養,因而儘管石介在當時已小有名望,但仍以弟子之禮拜孫復為師。北宋仁宗慶曆二年(1042),石介時年三十八歲,擔任國子監直講,從學者甚眾,而這個時期也是石介闢佛、道的重要時期,故《行實》記載:「先生(石介)為文有氣,嘗患文章之弊,佛、老為蠹。嘗著《怪說》及《中國論》,力排佛、老與楊億,於是新進學者,不敢為楊(楊億)劉(劉筠)體,亦不談佛、老。」相對於胡瑗和孫復,石介對於佛、道二家的批判甚為強烈,但三人提倡儒家之道的心意卻十分一致,是以接續在韓愈之後而自覺弘揚儒學的北宋三先生,實具有承先啟後的關鍵地位,故南宋理學家黃震(1213-1281)表示:「宋興八十年,安定胡先生(胡瑗)、泰山孫先生(孫復)、徂徠石先生(石介)始以師道明正學,繼而濂、洛興矣。故本朝理學雖至伊、洛而精,實自三先生而始,故晦庵(朱熹)有『伊川不敢忘三先生』之語。」(《宋元學案‧卷二‧泰山學案》)

北宋三先生

1 胡瑗

教育:設置經義齋、治事齋培養人才。

2 孫復

經術:躬耕講學,傳衍儒學。

3 石介

道統:倡儒家道統,闢佛、道。

第五四回
宋明理學（一）：
理氣心性的各自解讀

（一）理氣關係

理的本義為紋理、條理，氣的本義為天地間流動之氣，思想家在論理和氣時，常衍伸出抽象的意涵，如孟子認為人性中有其理，此理是與生俱來的，聖人、常人皆有之。同時孟子又提出人體中本具浩然之氣的說法，此氣為道德意義上的抽象之氣，與一般所談的陰陽二氣、血氣運行的意思不同。

宋明理學家談論理、氣時，皆涉及理氣關係中的本體論、宇宙論意義，如朱熹云：「未有天地之先，畢竟也只是理。有此理，便有此天地；若無此理，便亦無天地，無人無物，都無該載了！有理，便有氣流行，發育萬物。」（《朱子語類》卷一）朱熹認為理先於天地，有理才有為氣化流行，因此理為氣之變化的依據。朱熹認為氣為形下之氣，故主張理先氣後、理為形上而氣為形下，但亦有思想家認為氣具有形上本體論的意義，如張載（1020-1077）云：「太虛氣之體，氣有陰、陽、屈、伸相感之無窮，故神之用也無窮。」（《正蒙·乾稱》）太虛是陰陽二氣之體，而神是陰陽二氣之用，是以太虛之氣即具本體論和宇宙論的雙重意義。

（二）心性關係

心、性、情三者之關係，是儒家修養工夫論的主題，自先秦以來

儒者莫不從中發展各自的修養工夫論，宋明理學家亦然。在心、性、情的關係中，主要有性即理和心即理的兩種不同看法。從性即理的立場來說，人性之理與生俱來，是人心、人情發用的最終依歸，如程頤（1033-1107）云：「性之本謂之命，性之自然者謂之天，自性之有形者謂之心，自性之有動者謂之情。」（《河南程氏遺書》卷二十五）程頤認為性本於天命下貫、與生俱來，因此性即天理。在氣化流行之下而有心之官，與外物相接之後而有情之發，因此主張性即理的思想家，必須正視現實中氣稟、物欲對心、性、情的影響，於是修心的意義在於使情的發用皆合於性、理的規範。至於主張心即理的思想家，則肯定心本具天理，心、性一體，如陸九淵（1139-1193）云：「且如情、心、性、才，都只是一般物事，言偶不同耳。」（《象山先生全集‧語錄》）、王守仁（1472-1529）云：「心即性，性即理。」（《傳習錄》）陸九淵與王守仁皆主張心本具天理，是以修心只是發揮本具價值意義的本體心，與主性學者考量氣稟影響本性之理的發用不同。

尊德性與道問學的對立

　　尊德性與道問學一詞，語出於《中庸‧第二十七章》：「故君子尊德性而道問學，致廣大而盡精微，極高明而道中庸。」朱熹注云：「尊德性，所以存心而極乎道體之大也。道問學，所以致知而盡乎道體之細也。」由此可見，尊德性是內求於道德本心的修養工夫，而道問學則是透過外在的致知工夫而擴充個人體道的深度，二者本是缺一不可、相得益彰的工夫。

1. 朱熹與陸九淵於鵝湖之會辯論時，尊德性、道問學的對立成為概括對方學問的代名詞，故朱熹云：「大抵子思以來，教人之法，惟以

『尊德性』、『道問學』兩事為用力之要,今子靜(陸九淵)所說,專是『尊德性』之事,而熹平日所論,卻是『問學』上多了。」(《朱子文集・答項平父》二)。
2. 朱熹以尊德性、道問學區分朱、陸雙方的為學進路,意指陸九淵多於內在道德本心上做工夫,而朱熹教人為學多關注格物致知工夫。
3. 事實上,宋明理學家皆是以尊德性為其修養目的,只是在實踐上,如何看待道問學的工夫,成為程朱、陸王兩大派別意見分歧之處。

此後,程朱學派就被化約為道問學的代表,陸王學派則被化約為尊德性的代表。

第五五回
宋明理學（二）：
理學家的分系歸類

　　清儒黃宗羲（1610-1695）撰《明儒學案》、《宋元學案》二書，結合學說師承、地域特色等因素，較有系統地分述各家的傳衍脈絡。晚近學者則多從理學家的學說特徵進行分類，是以有二系說、三系說、一系三型說等不同說法。

（一）二系說

　　主張宋明理學為二系的說法，是將理學家區分成理學與心學兩大派別。理學派以程頤、朱熹一系為代表，大抵以「性即理」為學說特色。心學派以陸九淵、王守仁一系為代表，大抵以「心即理」為學說特色。

（二）三系說

　　三系說的分類是就理學家的主要思想特徵進行分類。馮友蘭（1895-1990）《中國哲學史新編》以黑格爾（Georg Wilhelm Friedrich Hegel, 1770-1831）的正反合三段論證法，將宋明理學分成前後兩期、三種派別。他認為理學家主要有理學、心學、氣學三種派別，其中程顥（1032-1085）、程頤分別為心學、理學的代表，而張載則為氣學的代表，此為前期道學。前期道學以二程為肯定、張載為否定，朱熹以理、氣並稱，屬於否定之否定。後期道學以朱熹為肯定、陸王為否定，

王夫之則為否定之否定。

張岱年（1909-2004）《中國哲學大綱》以「本根論」架構三個派別，本根稱作「唯」，意即哲學理論中以孰為究竟者而言，故以理則為本根者，即道論與唯理論或理氣論，此為客觀唯心論，以程朱為代表；以氣體為本根者，即太極論與唯氣論，此為唯物論，以張載、王廷相（1474-1544）、王夫之（1619-1692）、顏元（1635-1704）、戴震（1724-1777）為代表；以心為本根者，即為唯心論，又為主觀唯心論，以陸王為代表。

牟宗三（1909-1995）《心體與性體》以理學家對心性的主張分類。第一系的特徵為以心著性，性為天道主體，而實踐時強調心的工夫，周敦頤（1017-1073）、張載、程顥、胡宏（1105-1161）、劉宗周（1578-1645）為此系代表。第二系為主張性是理、心屬氣，以程頤、朱熹為代表。第三系主張心性是一且心即理，以陸九淵、王守仁為代表。

（三）一系三型說

勞思光（1927-2012）《中國哲學史》主張宋明理學應視為一個整體，宋明理學家皆以回歸先秦儒學本來方向為目的，在過程中可以區分成三個階段。第一型為天道觀，以周敦頤、張載為代表，此時期的思想特徵為混合形上學與宇宙論觀念。第二型為本性觀，以二程為代表，提出性即理的概念，建立較純粹的形上學系統，朱熹為前兩階段的集大成者。第三型心性觀時期，此型以陸九淵、王守仁為代表，強調心即理，肯定人的主體性，已逼近孔、孟學說的本旨。

宋明理學家的分派分系

二系說	性即理：程、朱。
	心即理：陸、王。
三系說	馮友蘭：理學、心學、氣學。前期道學的發展，則以二程為肯定、張載為否定，朱熹以理、氣並稱，屬於否定之否定，為前期道學之集大成者，又稱為宋道學。後期道學則以朱熹為肯定、陸王為否定，王夫之則為否定之否定，為後期道學之集大成者，又稱為明道學。
	張岱年：理則為本根者，即道論與唯理論或理氣論，此為客觀唯心論，以程朱為代表；以氣體為本根者，即太極論與唯氣論，此為唯物論，以張載、王廷相（1474-1544）、王夫之（1619-1692）、顏元（1635-1704）、戴震（1724-1777）為代表；以心為本根者，即為唯心論，又為主觀唯心論，以陸王為代表。
	牟宗三：第一系為胡五峰（胡宏，1105-1161）、劉蕺山（劉宗周，1578-1645），思想特徵為以心著性，心與性是形著關係，先透過《中庸》、《易傳》建立天道客觀性體，其後再回歸於《論語》、《孟子》主觀性體，其代表人物為周敦頤（1017-1073）、張載、程明道（程顥）、胡五峰、劉蕺山。（逆覺體證，道體為即存有即活動。）
	第二系為程伊川（程頤）、朱熹，思想特徵為心與性為二，性是理，心屬氣，透過《中庸》、《易傳》與《大學》建立理論基礎，而以《大學》三綱八目為主。（橫攝系統，道體為只存有不活動。）
	第三系為象山（陸九淵）、陽明（王守仁），思想特徵為心性是一，心即理即性，透過《論語》、《孟子》心性關係兼攝《易傳》、《中庸》。（逆覺體證，道體為即存有即活動。）
一系三型說	勞思光：第一型為天道觀，以周敦頤、張載為代表，根據的經典為《易傳》、《中庸》，此時期的哲學理論尚未脫離漢儒

| | 宇宙論中心之哲學，因此其思想特徵為混合形上學與宇宙論觀念。第二型為本性觀，以二程為代表，提出性即理的概念，建立較純粹的形上學系統。其後朱熹綜合天道觀、本性觀，將北宋諸家學說融涉為一學說，可謂前兩階段的集大成者。然而勞思光認為孔、孟思想為心性論中心之哲學，強調人的主體性觀念，因此要到第三型心性觀時期，宋明理學的發展方為完備，此型以陸九淵、王守仁為代表，強調心即理，肯定人的主體性，已逼近孔、孟學說的本旨。 |

第五六回
周敦頤（一）：五行一陰陽也，陰陽一太極也，太極本無極也

　　周敦頤，字茂叔，原名敦實，諡元公，世稱濂溪先生，道州營道人。生於北宋真宗天禧元年（1017），卒於北宋神宗熙寧六年（1073），年五十七，被尊為道學宗主。其人品甚高，北宋文人黃庭堅（1045-1105）贊其為「胸懷灑落，如光風霽月」。周敦頤在南安任官時，程珦（1006-1090）欣賞其學行，命二子（程顥、程頤）向周敦頤求學。其後，程顥（1032-1085）嘗曰：「昔受學于周茂叔，每令尋仲尼、顏子樂處，所樂何事！」、「自再見周茂叔後，吟風弄月以歸，有『吾與點也』之意。」自此以後，探尋孔顏樂處成為宋明理學家畢生追求的課題。

　　《太極圖說》是周敦頤闡述天道思想的重要著作，融合《易傳》陰陽二氣、五行生化和道家有無思想等觀念而成，其曰：「無極而太極。太極動而生陽，動極而靜，靜而生陰，靜極復動。一動一靜，互為其根；分陰分陽，兩儀立焉。陽變陰合，而生水、火、木、金、土。五氣順布，四時行焉。五行一陰陽也，陰陽一太極也，太極本無極也。」周敦頤認為無極變為太極之後，成為混沌未分的元氣，而陰陽二氣則是此元氣既分之後的兩股對立之氣，彼此互為其根而生化萬物。不過朱熹在《太極圖說解》裡卻以理本論的角度將太極視為形上之理，陰陽二氣視為形下之氣，藉由理一分殊的觀念串起太極之理與分殊萬物之間的關係。此說雖符合朱熹個人的理學思想體系，卻與周敦頤氣論生成架構不同，因此受到後人批判。周敦頤的氣論生成模式，

是將《易・繫辭》「易有太極，是生兩儀」的觀念，和漢儒董仲舒以陰陽二氣搭配五行相生而生化萬物的思想，統合在《太極圖說》的太極內涵裡，是以偏向以氣論規範太極的內涵而與朱熹的說法有別。

不過《太極圖說》首句「無極而太極」的文字釐訂卻有不同版本說法：《宋史》本作「自無極而為太極」，周家家傳九江本作「無極而生太極」，而朱熹所依據的延平本則作「無極而太極」。此三個版本都是闡述無極和太極的關係，《宋史》和九江本的概念相近，皆屬於道家有生於無的概念，但朱熹所據的延平本否定此種說法，認為不應以道家思想詮解周敦頤《太極圖說》，因此無極並非老子言無思想，而是「上天之載，無聲無臭」的狀態，雖無法以形具而名，但卻真實存在，故朱熹曰：「非太極之外，復有無極也」。這兩種不同的解讀方式，說明著理學家對於周敦頤的思想是否參雜道家，有不一樣的認定，同時亦是朱熹和陸九淵兄弟對《太極圖說》認知不同的焦點之一。

周敦頤《太極圖說》的宇宙生成架構

第一圖

　　無極而太極。

分析：由無極轉變為太極後，仍為混沌未分之狀。

第二圖

　　太極動而生陽，動極而靜，靜而生陰，靜極復動。一動一靜，互為其根；分陰分陽，兩儀立焉。

分析：中心○處代表本體，白色代表陽動，黑色代表陰靜，兩股氣化力量彼此互為其根而循環不已。

第三圖

陽變陰合，而生水、火、木、金、土。五氣順布，四時行焉。五行一陰陽也，陰陽一太極也，太極本無極也。五行之生也，各一其性。無極之真，二五之精，妙合而凝。

分析：上方連接第二圖的半圓交錯代表第三圖的五行即第二圖的一陰陽。下方○代表二氣五行妙合而凝之狀。

第四圖

乾道成男，坤道成女，二氣交感，化生萬物。

分析：在第三圖二氣五行妙合而凝之狀的前提下，乾道成男代表陽性，坤道成女代表陰性，仍是陰陽二氣之狀。

第五圖

萬物生生，而變化無窮焉。

分析：在第四圖乾道成男代表陽性，坤道成女代表陰性的前提下，萬物化生，變化無窮。

第五七回
周敦頤（二）：誠者，聖人之本

　　周敦頤在《太極圖說》中亦對聖人境界有所描述，其曰：「五行之生也，各一其性。無極之真，二五之精，妙合而凝。乾道成男，坤道成女，二氣交感，化生萬物。萬物生生，而變化無窮焉。惟人也，得其秀而最靈。形既生矣，神發知矣，五性感動，而善惡分，萬事出矣。聖人定之以中正仁義（自注：聖人之道，仁義中正而已矣），而主靜（自注：無欲故靜），立人極焉。」周敦頤認為人、物皆是由二氣五行交感而生，但人獨得其氣之精秀，是以在萬物之中獨樹一幟，不過人群之中又唯獨聖人能自盡其性，故只有聖人能「立人極」。聖人能自盡其性的關鍵在於中正仁義的道德價值和主靜的境界，其中仁義的觀念來自孔、孟，而中正的觀念則來自《易經》，將中正仁義的德性和主靜思想結合，說明著聖人的境界是以無極、太極為依歸。

　　此外，周敦頤《通書》中的聖人境界受〈中庸〉思想的影響，因此特別標出誠的意義。在〈中庸〉裡，誠具有工夫與境界合一的意義：「誠者，天之道也；誠之者，人之道也。誠者不勉而中，不思而得，從容中道，聖人也。誠之者，擇善而固執之者也。」誠，不僅是天道運行的原理原則，更是人立身處世的準則，故曰天之道。人群之中只有聖人能時時處於誠的境界，常人則是必須藉由修養工夫才能達到誠的境界，故曰人之道。周敦頤《通書》將〈中庸〉的誠納入《易傳》的思想之中，是以《通書》中的誠亦兼含宇宙生成的色彩，故曰：「誠者，聖人之本。」（《通書・誠上》）、「大哉乾元，萬物資始，誠之源也。」（《通書・誠上》）、「乾道變化，各正性命，誠斯立焉，純

粹至善者也。」(《通書‧誠上》)而此誠在人的具體表徵則顯示其間的人倫價值意義，故周敦頤表示：「聖，誠而已矣。誠，五常之本，百行之原也。靜無而動有，至正而明達也。」(《通書‧誠下》)《太極圖說》中的聖人境界為中正仁義而主靜，此處《通書》則將人倫價值的根源歸之於誠，舉凡不合誠道的言行舉止，都是常人對道的蒙蔽狀態，故曰：「五常百行非誠，非也，邪暗塞也。」(《通書‧誠下》)

《太極圖說》、《通書》的聖人境界意涵

1 《太極圖說》聖人境界

（1）中正仁義

結合《周易‧文言》：「大哉乾乎，剛健中正，純粹精也」、孟子「仁義禮智」四端。中正之狀偏向規律的居中得正，不偏不倚。仁義之說則是強調道德價值的有無。

（2）主靜

援用《老子‧第十六章》：「夫物芸芸，各復歸其根。歸根曰靜，是謂復命，復命曰常」、《太極圖說》「無極而太極」。《太極圖說》的動靜雖互為其根，但仍是以無極為本根，而靜在其中矣，是以聖人之道必以靜為依歸。

2 《通書》聖人境界

（1）萬物根源之誠

　　大哉乾元，萬物資始，誠之源也。

　　乾道變化，各正性命，誠斯立焉，純粹至善者也。（〈誠上〉）

藉由《易經》的乾道思想言誠的天道本體意義，相較於《禮記・中庸》的誠境界，則多了宇宙生成的色彩。

（2）誠、靜合一之誠

　　聖，誠而已矣。誠，五常之本，百行之原也。靜無而動有，至正而明達也。（〈誠下〉）

　　寂然不動者，誠也；感而遂通者，神也；動而未形、有無之間者，幾也。（《聖》）

結合《太極圖說》的宇宙生成模式，使得誠不僅是靜時的狀態，亦是日用待人接物的根本，此便是聖人時時而盡性的境界。

第五八回
邵雍：以物觀物，性也；以我觀物，情也

　　邵雍，字堯夫。其先祖范陽人，晚遷河南，以「安樂窩」命其室，故自號安樂先生。生於北宋真宗大中祥符四年（1011），卒於北宋神宗熙寧十年（1077），年六十七，北宋哲宗元祐年間賜諡號康節。在共城百源苦學時期，北海李之才授以河圖、洛書、伏羲八卦六十四卦圖像之學，開啟邵雍的《易》學之路。其學問淵博，南宋朱熹將之與周敦頤、二程子、張載並列為北宋五子，成為北宋理學家的代表人物之一。

　　邵雍之觀物思想以其《易》學為基礎，融合儒家、道家、道教思想而成，強調以道觀物的重要性。從《易》學的角度來看，此道便是具有本體論和宇宙論意義的太極，故曰：「生天地之始，太極也。」（《觀物外篇》）、又曰：「天由道而生，地由道而成，物由道而形，人由道而行，天地人物則異也，其於道一也。」（《觀物內篇》）邵雍認為太極本體屬靜，陰陽二氣之動必須藉由神的作用產生流行變化，故曰：「太極不動，性也。發則神，神則數，數則象，象則器，器則變，器之變復歸於神也。」又曰：「天生於動者也，地生於靜者也，一動一靜交，而天地之道盡之矣。(《觀物內篇》)一動一靜為此道之規律，動靜陰陽變化為此道運行之作用，邵雍將這種關係運用在其修養工夫論上，故曰：「先天之學，心也。後天之學，跡也。」（《觀物外篇》）所謂先天之學，指的是太極、天地之道的規律；而後天之學，指的則是太極、天地之道的作用。常人的修養工夫就是藉由形而下跡的作用，

體察歸返形而上心的規律,此即是以道觀物的最終目的。

　　邵雍的觀物說強調以天地之道觀物,故曰:「夫所以謂之觀物者,非以目觀之也,非觀之以目而觀之以心也,非觀之以心而觀之以理也。」(《觀物內篇》)、又曰:「以物觀物,性也;以我觀物,情也。性公而明,情偏而暗。」(《觀物內篇》)、又曰:「任我則情,情則蔽,蔽則昏矣;因物則性,性則神,神則明矣。」(《觀物外篇》)在太極、陰陽氣化生成的架構下,邵雍的觀物方法不以人的主觀認知為中心,而是從太極二氣化生生物的角度客觀看待我與他者的關係。以目、以心都是從人的主觀思維來觀物,故曰「以我觀物,情也」;只有以理觀物才是以天地之道觀物,泯除主觀的意識作祟,故曰「以物觀物,性也」。而這種觀物方式邵雍又以反觀稱之,其曰:「聖人之所以能一萬物之情者,謂其能反觀也。所以謂之反觀者,不以我觀物也。不以我觀物者,以物觀物之謂也。」(《觀物內篇》)

莊子聽之以氣思想與邵雍觀之以理思想比較

1　莊子聽之以氣思想

　　回曰:「敢問心齋?」仲尼曰:「若一志,無聽之以耳而聽之以心,無聽之以心而聽之以氣。聽止於耳,心止于符。氣也者,虛而待物者也。唯道集虛。虛者,心齋也。」(《莊子·人間世》)

(1) 莊子觀物方式強調捨外而求內,為剝去法的方式。人對萬物的認知,最初由外在感官經驗所形塑,即聽之以耳。久而久之,於心識中漸成既定認知印象,此為聽之以心。

（2）莊子所追求的，並非感官經驗和心識經驗的體會，因為這些都是因人而異的認知，具有殊別的差異。莊子藉由氣化流行的概念，論述天地萬物皆由氣所生滅，因此順應氣化流行，即是順應自然，此為聽之以氣的真諦。

2 邵雍觀之以理思想

> 夫所以謂之觀物者，非以目觀之也，非觀之以目而觀之以心也，非觀之以心而觀之以理也。」（《觀物內篇》）

（1）邵雍的觀物說，部分借用莊子觀物的概念，因此也是強調捨外而求內，只不過並非莊子式的剝去法。
（2）邵雍認為觀之以目、觀之以心皆是以人為主體性的觀物，並不符合太極《易》學的形上根源性意義，是以回到太極氣化流行的角度，方能正確客觀認識世界。

第五九回
司馬光：道之要在治方寸之地而已

　　司馬光，字君實，號迂夫，晚號迂叟，世稱涑水先生，陝州夏縣人。生於北宋真宗天禧三年（1019），卒於北宋哲宗元祐元年（1086），年六十八歲，贈太師、溫國公，諡文正。宋仁宗明道二年（1033），司馬光年十五而精通群書，其文風醇厚，質樸如西漢風格。仁宗寶元元年（1038），司馬光年二十，舉進士甲第。聞喜宴獨不戴花，同榜進士們勸告：「君賜不可違也。」於是勉強簪一花入宴。北宋英宗治平三年（1064），司馬光年四十八，進呈自撰《通志》八卷，上起戰國，下迄秦朝。英宗命續其書，置局秘閣，直至宋神宗元豐七年（1088）之時完成《資治通鑑》一書。除史學貢獻外，司馬光的思想自成一系，有別於當時的洛學（二程）、蘇學（蘇軾），為北宋時期重要的哲學家之一。

　　司馬光的氣化流行思想不僅用於建構萬物的生化，亦是其人性論主張的依據，其曰：「萬物皆祖於虛，生於氣。氣以成體，體以受性，性以辯名，名以立行，行以俟命。」（《潛虛・卷首》）萬物生成藉由氣以佈體，而氣又分陰陽，是以人之性兼含善惡二端，故曰：「夫性者，人之所受於天以生者也，善與惡必兼而有之。是故雖聖人不能無惡，雖愚人不能無善，其所受多少之間則殊矣。善至多而惡至少，則為聖人。惡至多而善至少，則為愚人。善惡相半，則為中人。聖人之惡不能勝其善，愚人之善不能勝其惡，不勝則從而亡矣，故曰：『唯上智與下愚不移』。」（〈善惡混辨〉）人之性因氣稟的關係而普遍皆含有善惡，只是司馬光認為上智和下愚的善惡比例懸殊，無法

藉由後天工夫而有所改異，是以其修養論的重心在於善惡相半的中人身上，因此提出學習以成其善的修養工夫論，其曰：「不學則善日消，而惡日滋。學焉則惡日消，而善日滋。」（〈善惡混辨〉）

在司馬光看來，學習以成其善就是治心工夫，故曰：「君子從學貴於博，求道貴於安。道之要在治方寸之地而已。」（〈中和論〉）、又曰：「學者，所以求治心也。學雖多而心不治，安以學為？」（《迂書・學要》）、又曰：「心感於物，為善為惡，為吉為凶，無不至焉。必也執一以應萬，守約以御眾，其惟正乎。」（《溫公易說》）由於中人之性善惡相半，是以心受外物所感而有善惡不同的念慮反應，因此學習的目的不是消除本然存在於人性中的惡端，而是使心念之所發常處於善端，是以治心工夫具有不間斷性的意義。

司馬光的思想與工夫

1 司馬光的持中思想

《大禹謨》曰：「人心惟危，道心惟微，惟精惟一，允執厥中。」危則難安，微則難明。精之，所以明其微也。一之，所以安其危也。要在執中而已矣。《禮記・中庸》曰：「喜怒哀樂之未發謂之中，發而皆中節謂之和。」君子之心，於喜怒哀樂之未發，未始不存乎中，故謂之中庸。庸，常也，以中為常也。及其既發，必制之以中，則無不中節，中節則和矣。是中和一物也，養之為中，發之為和。（〈中和論〉）

（1）司馬光的持中思想融合《尚書》和《禮記・中庸》言中的概念。
（2）對於司馬光來說，持中的意義並非強調未發的本體「中」，而是

已發的狀態「和」，之所以會如此看待，仍是根植於其善惡兼具的氣化之性思想，故又曰：「中正者，所以待天下之治也。」（《溫公易說》）

2　司馬光的格物工夫

人之情莫不好善而惡惡，慕是而羞非。然善且是者蓋寡，惡且非者實多，何哉？皆物誘之也，物迫之也……《大學》曰：「致知在格物。」格，猶扞也，禦也。能扞禦外物，然後能知至道矣。鄭氏以格為來，或者猶未盡古人之意乎？（〈致知在格物論〉）

（1）除了治心工夫外，司馬光的格物工夫亦受氣化的人性觀念影響。
（2）在學習以成其善的前提下，司馬光認為鄭玄以格為來的感召說並不符合為善去惡的結果，因此主張格為扞格之意，藉由治心工夫以扞格惡習、保全善習。

第六十回
張載（一）：一物兩體，氣也

張載，字子厚，大梁人，後寄寓於陝西橫渠鎮，故世稱橫渠先生。生於北宋真宗天禧四年（1020），卒於北宋神宗寧熙十年（1077），年五十八。張載年少時喜談兵學，二十一歲時書謁范仲淹，但范仲淹卻鼓勵研讀〈中庸〉，自此張載志向遂轉向儒學。其後嘗於京師坐虎皮講論《易》學，聽者甚眾。一日程頤兄弟與之論《易》，次日張載便語人云：「比見二程，深明《易》道，吾所弗及，汝輩可師之。」於是撤坐輟講。張載學問以《易》學為宗，兼擅孔、孟之道，為北宋時期重要的哲學家之一。

張載的天道思想以氣為核心，聚散變化之氣又以太虛為根源，故曰：「太虛無形，氣之本體，其聚其散，變化之客形爾。」（《正蒙・太和》）太虛本身即是氣，為聚散之氣的本根，是以張載特別強調其間的體用關係，其曰：「一物兩體，氣也。一故神，兩故化，此天之所以參也。」（《正蒙・參兩》）太虛和聚散之氣本為一物但卻有別，在體用關係的架構下，太虛為聚散之氣的體，具有能化的神作用，而聚散之氣為太虛之用，在神的作用下化生萬物。相對於太虛的一，聚散之氣則分為陰陽，稱之為兩。而這樣的概念，張載又以太極、二氣為喻，故曰：「一物而兩體者，其太極之謂歟。」（《易說・說卦》）此外，張載又援引《易・乾卦》：「乾道變化，各正性命，保合太和，乃利貞。」的太和概念，指涉此陰陽二氣含道的交和之狀，故曰：「太和所謂道，中涵浮沉、升降、動靜、相感之性，是生絪縕、相盪、勝負、屈伸之始。」（《正蒙・太和》）所謂的太和，指的是含有太虛之體及二氣變化之用的運行狀態。

順著太虛和氣的體用關係，張載特別標出太虛之氣運行時的神與感作用，其曰：「氣之性本虛而神，則神與性乃氣所固有。」(《正蒙・乾稱》)、又曰：「惟神為能變化，以其一天下之動也。」(《正蒙・神化》)神的作用是太虛之氣變化的主動力，以變化莫測為其特性，故曰：「神不可致思，存焉可也。」(《正蒙・神化》)至於感的作用，張載曰：「以萬物本一，故一能合異；以其能合異，故謂之感；若非有異則無合。」(《正蒙・乾稱》)、又曰：「二端，故有感；本一，故能合。」(《正蒙・乾稱》)張載認為感的作用便是太虛之氣相異二端之交感，二氣透過交感以化生萬物，故萬物雖為異，但都是以太虛之氣為體的用。

---

1 太虛之氣的運行架構

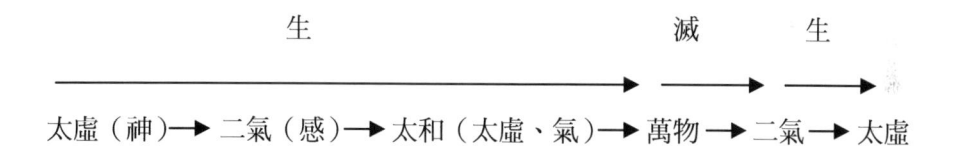

```
           生                              滅        生
    ─────────────────────────────▶  ────▶ ────▶
太虛（神）▶ 二氣（感）▶ 太和（太虛、氣）▶ 萬物 ▶ 二氣 ▶ 太虛
```

2 太虛二氣兼含形上之氣、形下之氣的概念

張載所言之氣，是兼含形上之體與形下之用而言，此氣之理具有主宰的意義，故曰太虛作為一，藉由神的作用而使氣運行變化，使得太虛、二氣而成為參以化萬物。

（1）形上之氣（太虛）：能神。
（2）形下之氣（陰陽二氣）：能感、能化。

第六一回
張載（二）：形而後有氣質之性，善反之則天地之性存焉

萬物皆由太虛之氣所生化，是以氣與人性的關係為張載人性論的重點，其中「天地之性」與「氣質之性」的提出，對後來宋明理學家的人性論產生相當大的影響。張載認為天地之性即是太虛，故曰：「天地生萬物，所受雖不同，皆無須臾之不感，所謂性即天道也。」（《正蒙‧乾稱》）即便如此，太虛的生成變化是二元對立的交感作用，是以人性的內涵實則兼含天地之性和氣質之性兩方面的作用，故曰：「形而後有氣質之性，善反之則天地之性存焉。故氣質之性，君子有弗性者焉。」（《正蒙‧誠明》）天地之性本存於太虛之中，但藉由二氣變化生成，每一個體皆因所受太和之氣的殊別有所謂不同的氣質之性，因此天地之性是人人共有之性，而氣質之性則是因人而有所差別的殊別之性。氣質之性的多寡濃淡因人而異，而人的行為常受氣質之性主導的話，便會流於惡，是以張載認為氣質之性必須受到天地之性的約束，於是後天的修養工夫成為必要，此便是變化氣質的工夫，其曰：「德不勝氣，性命於氣；德勝其氣，性命於德。窮理盡性，則性天德，命天理，氣之不可變者，獨死生修夭而已。」（《正蒙‧誠明》）人性的發展走向或依於德（天地之性）、或依於氣（氣質之性），一旦依於氣則必須透過後天的工夫使之聽命於德，故曰：「居仁由義，自然心和而體正，更要約時，但拂去舊日所為，使動作皆中禮，則氣質自然全好。」（《經學理窟‧氣質》）。

至於論心，張載提出「心統性情」(《性理拾遺》)的說法。張載認為性由天所賦予，本具於本心之中。而情為心與外物相接之後的情感反應，是以一心之中可兼容性與情兩個面向。對此，張載又以見聞之知和德性之知表述之，其曰：「見聞之知，乃物交而知，非德性所知；德性所知，不萌於見聞。」(《正蒙·大心》)德性之知本於天地之性，見聞之知則受氣質之性與物感影響，是以變化氣質的修養工夫，亦是改變見聞之知以合德性之知，故張載又曰：「世人之心，止於聞見之狹。聖人盡性，不以見聞桔其心，其視天下無一物非我，孟子謂盡心則知性知天以此。」(《正蒙·大心》)心統性情的架構在於說明心體兼含性、情對立的兩面，但日常待人接物只能使情合於性，是以張載雖標出人性之中兼含天地之性與氣質之性，不過氣質之性是須要被約束的，因此其人性論較近於孟子的性善論，只是以氣論性，強調後天變化氣質的重要性。

張載〈西銘〉的爭議

張載的《西銘》原為《正蒙·乾稱》的一段，然由於提出「民吾同胞，物吾與也」的概念，因而受到後人的重視。

> 乾稱父，坤稱母；予茲藐焉，乃混然中處。故天地之塞，吾其體；天地之帥，吾其性。民，吾同胞；物，吾與也。(《西銘》)

1. 楊時批評張載稱「乾稱父，坤稱母」與墨子的兼愛說無別。
2. 陸九淵則認為以乾坤稱父母，否定人為父母所生之事實。
3. 朱熹以程頤之理一分殊觀念反駁楊時、陸九淵，其曰：「蓋以乾為

父,以坤為母,有生之類,無物不然,所謂理一也。而人物之生,血脈之屬,各親其親,各子其子,則其分亦安得而不殊哉?一統而萬殊,則雖天下一家,中國一人,而不流於兼愛之弊。萬殊而一貫,則雖親疏異情,貴賤異等,而不牿於為我之私。此《西銘》之大指也。」(《張載集・朱熹西銘注》)程頤、朱熹是就共同之性的角度來看,萬物皆由乾坤二氣所生,就殊別之性來看,我與他人亦有所別,因此不流於兼愛、無親的弊病。

第六二回
程顥：仁者，渾然與物同體

程顥，字伯淳，河南人，世稱明道先生。生於北宋仁宗明道元年（1032），卒於北宋神宗元豐八年（1085），年五十四。仁宗嘉祐三年（1058），程顥年二十七，張載以書信致程顥，信中言之「性未能不動」的看法，於是程顥遂作〈答橫渠張子厚先生書〉（〈定性書〉），其中定性觀點對後世理學家影響甚深。《宋史》對其人評曰「資性過人，充養有道，和粹之氣，盎其面背，門人交友相從數十年，未嘗見其忿厲之容，可謂如冬日之陽光。」

將天地萬物視為與己同體是程顥仁說的核心觀念，其曰：「仁者，以天地萬物為一體，莫非己也。認得為己，何所不至？」（《程氏遺書》卷二上）此觀念更在〈識仁篇〉多所發揮，其曰：「學者須先識仁。仁者，渾然與物同體，義、禮、智、信皆仁也。識得此理，以誠敬存之而已，不須防檢，不須窮索。若心懈，則有防；心苟不懈，何防之有！理有未得，故須窮索；存久自明，安待窮索！」程顥所稱之仁，不僅具有傳統儒家道德價值的意義，更擴充為與萬物同體的大公之仁心。從道德修養來說，仁是一切德性的根源，先天具足於人性之中，是以不須窮索，而修養工夫只須「以誠敬存之」，發揮擴充此仁德之心即可，故曰不須防檢。一旦無法擴充實踐此仁心，則為懈怠、為不仁，故曰：「醫書言手足痿痺為不仁。」（《程氏遺書》卷二上）程顥認為天地萬物與己為一體，人之手足痿痺便是「氣已不貫，皆不屬己」（《程氏遺書》卷二上），既不屬己，則物是物、我是我，物與我為二而非為一體，此即是不仁之狀。是以程顥所謂之仁，是兼

含修養工夫和修養境界的兩個層面意義。

此大公心亦是定性，故程顥〈定性書〉表示：「所謂定者，動亦定，靜亦定，無將迎，無內外。苟以外物為外，牽己而從之，是以己性為有內外也。且以己性為隨物於外，則當其在外時，何者為在內？是有意於絕外誘，而不知性之無內外也。既以內外為二本，則又烏可遽語定哉！」順著仁者天地萬物為一體的觀念，物我既為一體，無內外之分別，則接物即是接己，因此必不累於物。於是程顥以仁心說定性工夫，亦可稱之為定心工夫，講求發揮廓然大公之心的意義，故曰：「夫天地之常，以其心普萬物而無心；聖人之常，以其情順萬物而無情。故君子之學，莫若廓然而大公，物來而順應。」

孟子論性

1　人性只有純善

人性之善也，猶水之就下也。人無有不善，水無有不下。

2　仁義禮智皆為人性本有

惻隱之心，人皆有之；羞惡之心，人皆有之；恭敬之心，人皆有之；是非之心，人皆有之。惻隱之心，仁也；羞惡之心，義也；恭敬之心，禮也；是非之心，智也。仁義禮智，非由外鑠我也，我固有之也，弗思耳矣。

3　推恩擴充的實踐

凡有四端於我者，知皆擴而充之矣，若火之始然，泉之始達。苟能充之，足以保四海；苟不充之，不足以事父母。

程顥論性

1 人性受氣稟影響，兼含善惡

「生之謂性」，性即氣，氣即性，生之謂也。人生氣稟，理有善惡，然不是性中元有此兩物相對而生也。有自幼而善，有自幼而惡（後稷之克岐克嶷，子越椒始生，人知其必滅若敖氏之類），是氣稟有然也。善固性也，然惡亦不可不謂之性也。

2 人與物之性，皆有共同之性與殊別之性

告子云「生之謂性」則可。凡天地所生之物，須是謂之性。皆謂之性則可，於中卻須分別牛之性、馬之性。是他便只道一般，如釋氏說蠢動含靈，皆有佛性，如此則不可。「天命之謂性，率性之謂道」者，天降是於下，萬物流行，各正性命者，是所謂性也。循其性（一作各正性命）而不失，是所謂道也。此亦通人物而言。循性者，馬則為馬之性，又不做牛底性；牛則為牛之性，又不為馬底性。此所謂率性也。

3 識仁定性工夫

學者須先識仁。仁者，渾然與物同體，義、禮、智、信皆仁也。識得此理，以誠敬存之而已，不須防檢，不須窮索。

所謂定者，動亦定，靜亦定，無將迎，無內外。苟以外物為外，牽己而從之，是以己性為有內外也。

第六三回
程頤：涵養須用敬，進學則在致知

　　程頤，字正叔，河南人，程顥之弟，世稱伊川先生。生於北宋仁宗明道二年（1033），卒於北宋徽宗大觀元年（1107），年七十五。哲宗紹聖三年（1096），程頤年六十歲，作〈答楊時論西銘書〉為張載〈西銘〉辯說，提出「理一分殊」的觀念，影響朱熹甚深。其學問經由朱熹而後發揚光大，故有程朱學派之稱。

　　程頤的理氣思想主張理為形上之理，氣為形下之氣，其曰：「離了陰陽更無道，所以陰陽者是道也。陰陽，氣也。氣是形而下者，道是形而上者。」（《二程遺書》卷十五）道、理作為宇宙生成之氣的原理原則，因此氣有聚散變化而道、理則無。待聚散之氣消逝後，形而上之理則會藉由新創生之氣以化物，故曰：「凡物之散，其氣遂盡，無復歸本原之理……天地造化，又焉用此既散之氣？其造化者，自是生氣。」（《二程遺書》卷十五）在人性論方面，程頤主張性即理，認為天地之理的本具於人性之中，是以人性本為善，其曰：「性即理也。所謂理性是也。天下之理，原其所自，未有不善。」（《二程遺書》卷二十二上）不過程頤論性又有意區別共有之性與殊別之性的差異，在程頤看來，萬物皆共享同一個形上之理，而理又賦於性中，是以人、物之性皆存在此共有之性。隨著氣化萬物，人、物又因氣化而有殊別之性，故曰：「生之謂性，其言是也。然人有人之性，物有物之性，牛有牛之性，馬有馬之性，而告子一之，則不可也。」（《粹言》二）

　　「涵養須用敬，進學則在致知。」（《二程遺書》卷十八）為程頤的工夫論主張，此間工夫兼具知行兩面。就行的角度而言，程頤認為

敬是由內而外的道德實踐，故曰：「有諸中者，必形諸外。惟恐不直內，內直則外必方。」(《二程遺書》卷十八) 同時，敬又是為善去惡的工夫，故曰：「敬是閑邪之道。閑邪存其誠，雖是兩事，然亦只是一事。閑邪則誠自存矣。」(《二程遺書》卷十八) 就知的角度而言，程頤主張為學須格物窮盡萬物之理，其曰：「致知在格物。格，至也。窮理而至於物，則物理盡。」(《二程遺書》卷二上) 又曰：「格，猶窮也。物，猶理也。猶曰窮其理而已也。」(《二程遺書》卷二十五) 在知與行並重、內外兼具的前提下，程頤認為只要不間斷積努力，自然能達到聖人境界，故曰：「須是今日格一件，明日又格一件，積習既多，然後脫然自有貫通處。」(《二程遺書》卷十八)

涵養須用敬，進學則在致知

1 涵養須用敬（行的工夫）

> 敬以直內，義以方外（《二程遺書》卷十八）

> 敬是閑邪之道。閑邪存其誠，雖是兩事，然亦只是一事。閑邪則誠自存矣。天下有一個善，一個惡，去善即是惡，去惡即是善。譬如門，不出便入，豈出入外更別有一事也。(《二程遺書》卷十八)

（1）敬工夫偏向個人時時刻刻的實踐與反省覺察。
（2）敬工夫的道德根源來自於性即理的架構，是以敬工夫為內在道德的約束工夫。

2　進學則在致知（知的工夫）

> 致知在格物。格，至也。窮理而至於物，則物理盡。（《二程遺書》卷二上）

> 格，猶窮也。物，猶理也。猶曰窮其理而已也。（《二程遺書》卷二十五）

（1）格物致知工夫偏向知識、道德的擴充工夫，不斷學習，不使人的道德認知有些許的停滯。

（2）相對而言，是屬於外在的求知積累工夫。

第六四回
楊時：人各有勝心，勝心去盡而惟天理之循

楊時，字中立，將樂人，世稱龜山先生。生於北宋仁宗皇祐五年（1053），卒於南宋高宗紹興五年（1135），年八十三。北宋神宗熙寧九年（1076），楊時二十四歲中進士，聞得二程兄弟講論孔、孟之學，遂不赴調官，以師禮拜程顥於潁昌。待楊時南歸時，程顥則曰：「吾道南矣。」張載〈西銘〉提出「民吾同胞，物吾與也」觀點，楊時認為此近於墨子言兼愛，程頤遂以理一分殊闡述〈西銘〉要旨，終釋楊時之疑。

楊時先後向程顥、程頤拜師求學，是以其理學思想多融會二者。在理氣關係上，楊時繼承了二程理本論觀點，故曰：「蓋天下只是一理。」（《龜山集》卷十三）而此理又透過氣的運行充塞於天地之間，故又曰：「通天下一氣耳。天地，其體也。氣，體之充也。」（《龜山集》卷八）天下雖只是一理，但生化萬物須藉由氣之運行，是以在楊時看來，理為形上之理而氣為形下之氣。

人性論方面，楊時順著程頤性即理的思想，詮解〈中庸〉「天命之謂性，率性之謂道」之義，其曰：「故在天曰命，在人曰性，率性而行曰道，特所從言之異耳。」楊時認為，天命、性、道其本質齊一，只是在性即理的架構下分屬不同的稱謂。如此一來，修養工夫便是在氣稟的影響之下以去勝心、循天理為目標，故曰：「人各有勝心，勝心去盡而惟天理之循，則機巧變詐不作。」（《龜山集》卷十

三）在楊時看來，人有勝心是受氣稟的影響，是以去勝心的工夫便是依循天理，其義等同於存天理、去人欲。此外，楊時亦結合〈中庸〉未發、已發言涵養和實踐，其曰：「〈中庸〉曰『喜怒哀樂未發謂之中，發而皆中節謂之和。』學者當於喜怒哀樂未發之際，以心體之，則中之義自見。執而勿失，無人欲之私焉，發必中節矣。」（《龜山集》卷二十一）未發之中為性，本已合乎天理，而已發又能「執而勿失，無人欲之私」，此便是發而皆中節，亦是去勝心工夫。不過楊時的涵養未發工夫顯然受到程顥仁學思想的影響，特別強調在動靜、性情之間，以心去體察未發之中的天地之理並執而勿失，故又曰：「當以身體之，以心驗之，則天地之心日陳露於目前，而古人之大體已在我矣。」（《龜山集》卷二十七）

楊時與程頤論〈西銘〉

1　楊時〈寄伊川先生〉

> 昔之問仁於孔子者多矣，雖顏淵、仲弓之徒，所以告之者，不過求仁之方耳。至仁之體，未嘗言也。孟子曰：「仁，人心也。義，人路也。」言仁之盡，最親無如此者。然本體用兼舉兩言之，未聞如〈西銘〉之說也。孔孟豈有隱哉？蓋不敢過之，以起後學之弊也。且墨氏兼愛，固仁者之事也，其流卒至無父，豈墨子之罪耶……〈西銘〉之書，發明聖人微意至深，然而言體而不及用，恐其流至於兼愛，則後世有聖賢者出，推本而論之，未免歸罪於橫渠也。

（1）孔子以仁之方教人，孟子將仁視為本體。

（2）墨子兼愛雖仁，其弊流於無君無父。
（3）〈西銘〉言體而不及用，恐其流至於兼愛。

2　程頤〈伊川答論西銘〉

〈西銘〉之為書，推理以存義，擴前聖所未發，與孟子性善養氣之論同功，二者亦前聖所未發。豈墨氏之比哉？〈西銘〉明理一而分殊，墨氏則二本而無分。老幼及人，理一也。愛無差等，本二也。分殊之蔽，私勝而失仁。無分之罪，兼愛而無義。分立而推理一，以止私勝之流，仁之方也。無別而迷兼愛，至於無父之極，義之賊也。

（1）〈西銘〉老幼及人之心同一，老幼及人之法分殊，故理一而分殊。
（2）墨子兼愛而無親疏等差之別，我父與他父皆為我之本，故二本。

3　楊時〈答伊川先生〉

前書所論，謂〈西銘〉之書，以民為同胞、長其長、幼其幼、以鰥寡孤獨為兄弟之無告者，所謂明理一也。然其弊，無親親之殺，非明者默識於言意之表，烏知所謂理一而分殊哉！故切恐其流遂至於兼愛，非謂〈西銘〉之書為兼愛而發與墨氏同也。古之人所謂大過人者，無他，善推其所為而已。老吾老以及人之老，幼吾幼以及人之幼。所謂推之也，孔子曰老者安之，少者懷之，則無事乎推矣，無事乎推者，理一故也。理一而分殊，故聖人稱物而平施之，茲所以為仁之至，義之盡也。何謂稱物？親疏遠近各當其分，所謂稱也。何謂平施？所以施之心一焉，所謂平也。某昔者竊意〈西銘〉之書，有平施之方，無稱物之義，故曰言體不及用，蓋指仁義為說也，故仁之

過,其蔽無分,無分則妨義。義之過,其流自私,自私則害仁。害仁則楊氏之為我也,妨義則墨氏之兼愛也。

(1) 之前是質疑〈西銘〉有體而無用,故仁之過,其蔽無分,無分則妨義。義之過,其流自私,自私則害仁。
(2) 認同程頤之理一而分殊說,重新認識〈西銘〉平施而稱物思想。

第六五回
謝良佐：
克己復禮無私心焉，則天矣

　　謝良佐，字顯道，上蔡人，世稱上蔡先生。生於北宋仁宗皇祐二年（1050），卒於北宋徽宗崇寧二年（1103），年五十四。謝良佐先是程顥的門生，其後又從程頤受學，與游酢、呂大臨（1044-1091）、楊時三人時稱程門四先生。與程頤相別一年後，程頤問其所長，謝良佐答曰：「但去得一『矜』字爾。」程頤大喜，謂朱光庭（1037-1094）曰：「是子力學，切問而近思者也。」

　　謝良佐的思想亦是融合程顥、程頤二者，不過更傾向於程顥，其曰：「心者何也？仁是已。仁者何也？活者為仁，死者為不仁。今人身體麻痺不知痛癢，謂之不仁。桃杏之核可種而生者謂之桃仁、杏仁，言有生之意。」（《上蔡語錄》卷一）、又曰：「不仁是不識痛癢，仁是識痛癢。」（《上蔡語錄》卷二）謝良佐的仁說，直接繼承程顥的識仁思想，除重申仁者與物同體的概念外，更強調仁具有主動性的生生之意，而非只是被動識覺痛癢的反應。

　　同時，仁的最高境界與天理為一，其曰：「仁者天之理，非杜撰也……天理當然而已矣。當然而為之，是為天之所為也。聖門學者大要以克己為本，克己復禮無私心焉，則天矣。」（《上蔡語錄》卷一）、又曰：「天理也，人亦理也，循理則與天為一。與天為一，我非我也，理也。理非理也，天也。」（《上蔡語錄》卷二）謝良佐以仁為天理，在人則為仁心，此亦是發揮程顥的識仁思想，認為去除私欲而

成大公無私之心便是仁的境界，因此常人必須要在格物致知的工夫裡去實踐仁心，其曰：「學者且須是窮理，物物皆有理，窮理則能知天之所為。知天之所為，則與天為一。與天為一，無往而非理也。」（《上蔡語錄》卷二）、又曰：「所謂有知識須是窮物理，只如黃金天下至寶，先須辨認得他體性始得，不然被人將鍮石來喚作黃金，辨認不過便生疑惑，便執不定。故經曰『物格然後知至，知至然後意誠』，所謂格物窮理，須是識得天理始得。所謂天理者，自然底道理，無毫髮杜撰。今人乍見孺子將入於井，皆有怵惕惻隱之心，方乍見時其心怵惕，所謂天理也。要譽於鄉黨朋友，內交於孺子父母兄弟，惡其聲而然，即人欲耳。天理與人欲相對，有一分人欲即滅卻一分天理，存一分天理即勝得一分人欲人欲縱肆，天理滅矣。」（《上蔡語錄》卷一）謝良佐以程頤的格物窮理工夫言程顥識仁思想，是以所窮之理即是與天為一的仁境、大公無私之心，只是多些防檢工夫。

謝良佐仁說的主動、被動區別

1 生生之意（主動義）

> 心者何也？仁是已。仁者何也？活者為仁，死者為不仁。今人身體麻痺不知痛癢，謂之不仁。桃杏之核可種而生者謂之桃仁杏仁，言有生之意。（《上蔡語錄》卷一）

此說以桃仁、杏仁為喻，言仁具有主動創生概念，是以將仁上升到理的高度，故具有主動義。

2　識覺痛癢（被動義）

> 仁是四肢不仁之仁，不仁是不識痛癢，仁是識痛癢。(《上蔡語錄》卷二)

此說類同程顥所言「麻木為不仁」，必須要有外力刺激才能有所反應，故為被動接受概念。

第六六回
朱熹（一）：未有此氣，便有此理。既有此理，必有此氣

朱熹，字元晦，一字仲晦，號晦庵，晚號晦翁，婺源人，寓建州。生於南宋高宗建炎四年（1130），卒於南宋寧宗慶元六年（1200），年七十一。朱熹拜李侗為師之前，舉凡二程之言論、佛老、雜家，皆有所涉獵，但李侗只要求專研儒家典籍，確定朱熹的人生志向。其後朱熹融合北宋諸儒理學，開創閩學一系，從學者甚眾。其學問以程頤為宗，主張居敬窮理，故後世以程、朱連稱之。朱熹晚年雖一度為宋光宗進講《大學》，不過隔年寧宗即位後，卻深受朝廷禁偽學之害，直到過世皆未能解禁平反。偽學黨禁解除後，朱熹的學術再度被提倡，元、明、清時期又受到官方大力支持，成為影響中國學術深遠的學術思想。

朱熹對理氣關係的看法受程頤理本論的影響，認為理為形上之理、氣為形下之氣，其曰：「天地之間，有理有氣。理也者，形而上之道也，生物之本也。氣也者，形而下之器也，生物之具也。是以人物之生，必稟此理然後有性；必稟此氣然後有形。」（《答黃道夫》）理雖為氣之本且先於氣而存在，但運行變化時理氣又不相離，故曰：「未有此氣，便有此理。既有此理，必有此氣。」（《朱子語類》卷一）甚至朱熹又以體用關係比喻理氣，其曰：「自理而觀，則理為體、象為用，而理中有象，是一源也。顯微無間者，自象而觀，則象為顯、理為微，而象中有理，是無間也。」（《答何叔京》）以理為

體、象為用，二者雖相分但又相合，是以理氣關係實是體用關係。

　　對於人、物之性的差異，朱熹認為氣稟作用是其關鍵，其曰：「自一氣而言之，則人物皆受是氣而生；自精粗而言，則人得其氣之正且通者，物得其氣之偏且塞者。惟人得其正，故是理通而無所塞；物得其偏，故是理塞而無所知。」（《朱子語類》卷四）朱熹認為人與物皆由氣含理所生化，只是人得氣之正、物得氣之偏，是以人能知理而物不能。此外，人之性中又有聖人之性與常人之性的區別，雖常人與聖人皆得氣之正而為人，共同享有天地之性，不過氣質之性又隨人的稟受而有所不同，故聖人之性中常保清明之天地之性，而常人之性卻常因氣稟干擾天地之性而呈現昏濁不明之狀。在此前提下，常人必須藉由修養工夫，減低氣質之性的干擾以恢復天地之性的本然，這樣的歸返工夫朱熹在〈大學章句序〉稱之為復其初。

朱熹論「理」與「氣」

1　朱熹《太極圖說解》的理一分殊解讀

> 自男女而觀之，則男女各一其性，而男女一太極也。自萬物而觀之，則萬物各一其性，而萬物一太極也。蓋合而言之，萬物統體一太極也；分而言之，一物各具一太極也。（《太極圖說》）

（1）萬物統體一太極，指的是萬物之性統攝在太極之理中，太極之理為萬物的根源價值。

（2）物物一太極，指的是萬物之性與太極之理為理一分殊的關係，具有共性存在的特質。

（3）萬物和太極有著理一分殊的關係，所以朱熹對萬事萬物的格物致知工夫才有其理據，格物仍是窮究事物之理，非是知識的探求。

2　朱熹人乘馬之喻的理氣觀

> 太極，理也；動靜，氣也。氣行則理亦行，二者常相依而未嘗相離也。太極猶人，動靜猶馬，馬所以載人，人所以乘馬，馬之一出一入，人亦與之一出一入，蓋一動一靜，而太極之妙未嘗不在焉。(《朱子語類》卷九十四）

（1）朱熹以人乘馬之喻說明太極之理和動靜之氣的關係，理雖先於氣，但理氣不相離，是以萬物生化雖藉由氣運行，不過理未嘗須臾離開萬物。

（2）以馬喻氣，以人喻理，一動一靜，人皆在馬上，猶理皆在氣上。

第六七回
朱熹（二）：心貫動靜而心統性情

　　朱熹的心性工夫是建立在性即理的前提下，肯定人之性含有至善之理的意義，而心則為理與氣相合的狀態，是以心中亦含有至善之理。對於〈中庸〉「喜怒哀樂之未發謂之中，發而皆中節謂之和」的性情未發、已發說解，朱熹曾經歷過中和舊說（乾道二年，丙戌之悟）和中和新說（乾道五年，己丑之悟）的不同階段的認知。在中和舊說裡，朱熹認為心無時不動故為已發，相對來說性則為未發，因此修養工夫的重點在於收束其心，由已發以見未發，勿使情發順人欲而行，即去人欲的工夫。但其後朱熹修正此說，並援引張載心統性情之說，認為心兼含動靜，是以靜時未發是性、動時已發是情，心貫動靜而心統性情。在中和新說裡，將原本舊說的性、心對舉修正成心中的性、情對舉，是以修養工夫轉向對性情二者關係的思考。

　　在修養工夫方面，朱熹闡發程頤「涵養須用敬，進學則在致知」的觀念，因此對敬與格物致知工夫相當重視，其曰：「蓋吾聞之，敬之一字，聖學所以成始而成終者也。為小學者，不由乎此，固無以涵養本原，而謹夫灑掃應對進退之節，與夫六藝之教。為大學者，不由乎此，亦無以開發聰明，進德脩業，而致夫明德新民之功也。」（《大學或問》）朱熹認為小學工夫重於敬的修持，而此敬的工夫又貫通於大學八目的修養工夫。敬主於理而貫乎動靜，故曰：「無事時只得無事，有事時也如無事時模樣。只要此心常在，所謂『動亦定，靜亦定』也。」（《朱子語類》卷一百一十五）所謂心常在，便是務求動靜語默之間都必須合於理、合於性。此外，朱熹又認為人心之發的知覺方向

可區分成循天理的道心和循人欲的人心兩個方面，為了讓已發的知覺都能合乎理，是以需要後天的格物致知工夫以增其識，故朱熹曰：「格，至也。物，猶事也。窮至事物之理，欲其極處無不到也。」、「致，推極也。知，猶識也。推極吾之知識，欲其所知無不盡也。」（《大學章句》）格物致知的工夫雖是增長其識，但並非純粹智性的追求，其目的仍是以心性修養為思考點，故曰：「是以《大學》始教，必使學者即凡天下之物，莫不因其已知之理而益窮之，以求至乎其極。至於用力之久，而一旦豁然貫通焉，則眾物之表裡精粗無不到，而吾心之全體大用無不明矣。此謂物格，此謂知之至也。」（〈格致補傳〉）

格物致知的諸家說解

人物	原文	分析
鄭玄	知，謂知善惡吉凶之所終始也。……格，來也。物，猶事也。其知於善深，則來善物；其知於惡深，則來惡物。言事緣人所好來。此致，或為至。（《禮記·大學》）	漢代物感說的延續，言人的善惡之知會感召善惡的事物。
李翱	物者，萬物也。格者，來也、至也。物至之時，其心昭昭然明辨焉而不應於物者，是致知也，是知之至也。（〈復性書〉）	強調心無思、寂然不動之態，是以不為所來之事物影響。
張載	致知在格物。格，去也。格去物，則心始虛明，見物可盡，然後極天人之慮而能思善也。致知者，學之大本。夫學之始，亦必先知其一貫之道，其造則固有序也。格物，外物也。外其物則心無蔽，無蔽則虛靜，虛靜故思慮精明而知至也。（衛湜《禮記集說》）	以格物為去外物工夫，致知為學問有序工夫。

人物	原文	分析
司馬光	《大學》曰致知在格物。格猶扞也、禦也；能扞禦外物，然後知至道矣。鄭氏以格為來，或者猶未盡古人之意乎！（〈致知在格物論〉）	以扞禦外物之態度，去除惡習之干擾、保全善習之發展。
程頤	格，猶窮也。物，猶理也。若曰窮其理云爾。窮理，然後足以致知；不窮，則不能致也。（《二程遺書》卷二十五）	先窮理後致知之工夫。日日格物，直到豁然貫通的時刻。
朱熹	格，至也。物，猶事也。窮至事物之理，欲其極處無不到也……致，推極也。知，猶識也。推極吾之知識，欲其所知無不盡也。（《大學章句》）	在事物上窮理，以求取德性之知，並透過類推法擴充所知，使知無不盡。

第六八回
呂祖謙：以心御氣而不為氣所御，以心移氣而不為氣所移

　　呂祖謙，字伯恭，號東萊，婺州人。生於南宋高宗紹興七年（1137），卒於南宋孝宗淳熙八年（1181），年四十五。呂祖謙的學養受家學淵源甚深，本於中原文獻之家的基礎，進而與張栻、朱熹、陸九淵兄弟等人論學，形塑自己的思想體系，並與張栻、朱熹被為東南三賢。晚年徙居金華，於麗澤書院講學，其學問多融合史學、經學於一爐，治學寬宏包容，從學者甚眾，《宋史》本傳評曰「祖謙學以關、洛為宗，而旁稽載籍，不見涯涘。心平氣和，不立崖異，一時英偉卓犖之士皆歸心焉。」

　　在理學觀念上，呂祖謙的思想近於朱熹，尤看重理的理一分殊特性，其曰：「理之在天下，猶元氣之在萬物也……隨一事而得一名，名雖至於千萬，而理未嘗不一也。」（《左氏博議》卷三）、「夫道，固有之理也。非自外來，本未嘗散，何以謂之積……是心長存，無有間斷，則道自然參會貫通，聚而不散耳。」（《增修東萊書說》卷十三）強調理的本根性與萬物具理的理一分殊特質，因此認為人只要隨事體驗而融會貫通，便是體道的工夫。

　　在心性工夫方面，呂祖謙的看法亦與朱熹相近，認為人之性受天理與氣稟雙方面的影響，其曰：「性本善，但氣質有偏，故才與情亦流於偏耳。」（《麗澤論說集錄》卷九）（《東萊呂太史別集》卷九）、又曰：「本然者謂之性，主宰者謂之心。工夫須從心上做，故曰『盡

心者知其性也』。」雖強調修養工夫是在心上做工夫，但此心的概念並非陸九淵所言的道德本心，而是兼含天理、氣稟的心體，近於朱熹對心體的認知。順此而下，呂祖謙對於道心與人心的分判亦近於朱熹，其曰：「人心，私心也，私則膠膠擾擾，自不能安。道心，善心也，乃本然之心，微妙而難見也，此乃心之定體。一則不雜，精則不差。此又下工夫處。」(《增修東萊書說》卷三) 呂祖謙認為心性工夫就是務使人心聽命於道心，使心之發用皆合於理。聖賢行事多以道心而統御人心（氣稟），常人反之，是以提出「以心御氣」、「以心移氣」工夫的重要性，故曰：「氣聽命於心者，聖賢也。心聽命於氣者，眾人也。」(《左氏博議》卷五)、又曰：「聖賢君子以心御氣而不為氣所御，以心移氣而不為氣所移。」(《左氏博議》卷五)

朱熹和呂祖謙對道心、人心的看法

1 朱熹

> 心之虛靈知覺，一而已矣，而以為有人心、道心之異者，則以其或生於形氣之私，或原於性命之正，而所以為知覺者不同，是以或危殆而不安，或微妙而難見耳。然人莫不有是形，故雖上智不能無人心，亦莫不有是性，故雖下愚不能無道心。(〈中庸章句序〉)

道心原於性命之正，人心生於形氣之私，雖區分為二，但實為一，只是表明人性受天理與氣稟的雙重影響。修養工夫務使已發之情循道心而行，讓人心聽命於道心。

2 呂祖謙

> 人心，私心也，私則膠膠擾擾，自不能安。道心，善心也，乃本然之心，微妙而難見也，此乃心之定體。一則不雜，精則不差。此又下工夫處。(《增修東萊書說》卷三)

道心為天理，具道德價值，人心為人欲，是情欲所藏之處。修養工夫在於使人心聽命於道心，使情欲以歸於正。

第六九回
陸九齡：聲氣容色、應對進退，乃致知力行之原

　　陸九齡，字子壽，號復齋，諡文達。生於南宋高宗紹興二年（1132），卒於南宋孝宗淳熙七年（1180），年四十九歲。陸九齡與其弟陸九淵時稱為二陸先生，又與其兄陸九韶、其弟陸九淵三人時稱為三陸先生，堪為一時俊傑。當時朝廷由秦檜把持，壓抑道學者論學風氣，不過陸九齡卻反其道而行，歸家而從父兄持續講學。其學問思想始近於陸九淵，鵝湖之會與朱熹辯論後，亦適度接納朱熹的為學方法，然因早逝而終未及於成就一家之言。

　　陸九齡受陸九淵心學的影響甚深，其曰：「某日與兄弟講習，往往及於不傳之旨，天下所未曾講者。」（〈與汪德占〉）當時朱學風氣正盛，陸氏兄弟對於自己的心學學問充滿自信，故曰：「竊不自揆，使天欲平治天下，當今之世，舍我其誰？苟不用于今，則成就人才，傳之學者。」（〈與王順伯〉）朱學和陸學的思想壁壘分明，陸學強調尊德性的本心工夫，對道問學的讀書講學較不重視，是以朱熹經常以近禪之詞批判此種為學方法，但實際上陸氏兄弟仍嚴守儒、釋之辨，只是認為為學工夫當以尊德性為先，是以朱熹對陸氏兄弟的學問基調有所誤解。

　　此外，陸九齡的學問特重人倫日用的實踐，其曰：「離形色而言性，離視聽言動而言仁，非知性者。」（〈與章彥節〉）、又曰：「身體心驗，使吾心與聖賢之言相應，擇其最切己者，勤而行之。」（〈答王

漢臣〉)對於人之性的看法,並非如程、朱所言性是抽象之理,而是體現在現實生活之中。人性中所存在的道德價值,亦是必須透過心的體證方能被落實,故曰:「聲氣容色、應對進退,乃致知力行之原。不若是而從事於箋注訓詁之間,言語議論之末,無乃與古之講學者異矣。」(〈與張敬夫〉)陸九齡反對學者只埋首於故紙堆中而無踐履工夫,此正是當時擁護朱學學者的為學通病。不過陸九齡的學問並非全然都是心學色彩,在鵝湖之會後,陸九齡亦覺得朱熹的為學工夫有可取之處,是以呂祖謙曾寫信給朱熹表示:「陸子壽前日經過,留此二十餘日。幡然以鵝湖所見為非,甚欲著實看書、講論,心平氣下相識中,甚難得也。」(〈與朱元晦〉)雖然陸九齡離世甚早,但從呂祖謙的觀察中可以看出陸九齡的為學態度較為折中,雖受陸九淵心學的影響,但卻有意吸收朱學的為學方法,與陸九淵始終堅持心學立場不同,故《宋史》本傳評曰:「與弟九淵相為師友,和而不同」。

二陸學術趨向

1 認為二陸思想一致的看法

淳祐十一年辛亥,春三月望日,包恢撰〈三陸先生祠堂記〉云:「以正學名天下,而有三先生焉,萃在一郡一家,若臨川陸氏昆弟者,可謂絕無而僅有歟。梭山寬和凝重,復齋深沉周謹,象山光明俊偉,此其資也,固皆近道矣。若其學之深淺,則自有能辨之者。」(《陸象山年譜》)

三陸之學,梭山啟之,復齋昌之,象山成之。梭山是一樸實頭地人,其言皆切近有補於日用。復齋卻嘗從襄陵許氏入手,喜

為討論之學。《宋史》但言復齋與象山，和而不同。考之包恢之言，則梭山亦然。（全祖望《宋元學案・梭山復齋學案》）

2 認為二陸思想有同有異的看法

學匪私說，惟道是求。苟誠心而擇善，雖異序以同流。……別來幾時，兄以書來，審前說之未定，曰：「子言可懷。」……兄乃枉車而來教，相與極論而無猜。自是以還，道合志同。（朱熹〈祭陸子壽教授文〉）

黃東發曰：「復齋之學，大抵與象山相上下。象山以自己之精神為主宰，復齋就天賦之形色為躬行，皆以講不傳之學為己任。……復齋之文，猶多精語，足警後學。而自譽其所得，則在性學。」（全祖望《宋元學案・梭山復齋學案》）

第七十回
陸九淵：人皆有是心，心皆具是理。心即理也

　　陸九淵，字子靜，自號象山翁，學者稱象山先生，謚文安，金溪人。生於南宋高宗紹興九年（1139），卒於南宋光宗紹熙三年（1192），年五十四歲。陸九淵心即理的本心觀念來自孟子的性善說，其曰：「孟子曰：『所不慮而知者，其良知也；所不學而能者，其良能也。』、『此天之所與我者。』、『我固有之，非由外鑠我也。』故曰：『萬物皆備於我矣，反身而誠，樂莫大焉。』此吾之本心也。所謂安宅、正路者，此也。所謂廣居、正位、大道者，此也。」（〈與曾宅之〉）而此本心所具之本有道德即是理，故又曰：「蓋心，一心也。理，一理也。至當歸一，精義無二，此心此理，實不容有二。故夫子曰：『吾道一以貫之。』」（〈與曾宅之〉）、又曰：「四端者，即此心也。天之所以與我者，即此心也。人皆有是心，心皆具是理。心即理也。」程、朱只言性即理，但陸九淵認為理具於心且具有普遍性的意義，此心是聖人與常人所共有，是古人與今人所共具，故曰：「心，只是一個心。某之心，吾友之心，上而千百載聖賢之心，下而千百載復有一聖賢，其心亦如此。」（《語錄下》）

　　在修養工夫方面，陸九淵認為物欲和意見的干擾是使人失去本心的關鍵，其曰：「愚、不肖者不及焉，則蔽於物欲而失其本心。賢者、智者過之，則蔽於意見而失其本心。」（〈與趙監〉）因此修養工夫在於去除外在的物欲和意見，其曰：「人心有病，須是剝落。剝落

得一番,即一番清明。後隨起來,又剝落,又清明。須是剝落得淨盡,方是。」(《語錄下》)、又曰:「人心有消殺不得處,便是私意。」(《語錄下》)在剝去的同時,即是立此本心之志的開始,故曰:「學者須是有志。讀書只理會文義,便是無志。」(《語錄下》)、又曰:「苟學有本領,則知之所及者,及此也。仁之所守者,守此也。時習之,習此也。說者說此,樂者樂此,如高屋之上建瓴水矣。學苟知本,六經皆我註腳。」(《語錄上》)立此本心之志即是立天理,是以陸九淵特別重視義利之辨,其曰:「人之所喻由其所習,所習由其所志。志乎義,則所習者必在於義。所習在義,斯喻於義矣。志乎利,則所習者必在於利。所習在利,斯喻於利矣。故學者之志,不可不辨也。」(〈白鹿洞書院論語講義〉)義、利之間,在於本心的通暢與阻塞,志乎義則天理具存,志乎利則人欲行。

孟子和陸九淵對良知隱蔽的看法

人物	原典	說法
孟子	富歲,子弟多賴;凶歲,子弟多暴。非天之降才爾殊也,其所以陷溺其心者然也。(〈告子上〉) 養心莫善於寡欲。其為人也寡欲,雖有不存焉者,寡矣。其為人也多欲,雖有存焉者,寡矣。(〈盡心下〉)	1.認為本心之善會受到後天環境和欲望兩個因素影響。 2.修養工夫在於時時自覺擴充此心道德之發用。
陸九淵	愚、不肖者不及焉,則蔽於物欲而失其本心。賢者、智者過之,則蔽於意見而失其本心。(〈與趙監〉)	1.認為物欲和意見都是外來影響本心朗現的因素。 2.修養工夫在於層層剝去,恢復原本清明本心。

第七一回
鵝湖之會：尊德性、道問學的對立

　　南宋孝宗淳熙二年（1175），朱熹年四十六，在寒泉精舍與呂祖謙共同彙整北宋四子（周敦頤、張載、程顥、程頤）的相關言論輯成《近思錄》一書。是年五月，由呂祖謙出面謙邀請朱熹、陸九淵、陸九齡和江西士人等於鉛山鵝湖寺論學，史稱「鵝湖之會」。雙方討論的內容雖多，但對於為學問工夫次第的認知甚為不同，遂成為此次辯論的爭議點。《象山年譜》載：「鵝湖之會，論及教人。元晦之意欲令人泛觀博覽而後歸之約，二陸之意欲先發明人之本心而後使之博覽。朱以陸之教人為太簡，陸以朱之教人為支離，此頗不合。」朱、陸雙方各自堅持己說，是以本次辯論並未達成共識。

　　陸氏兄弟赴約途中相互討論，陸九齡聽完陸九淵講論後，作〈鵝湖示同志詩〉一詩：「孩提知愛長知欽，古聖相傳只此心。大抵有基方築室，未聞無趾忽成岑。留情傳註翻榛塞，著意精微轉陸沉。珍重友朋勤切磋，須知至樂在於今。」其主旨在於認同陸九淵主張先立其大的思想，將之比喻為有基之築室，並以翻榛塞、轉陸沉批判朱熹的道問學工夫。不過陸九淵仍不滿意此詩，於途中又做一首〈鵝湖和教授兄韻〉詩：「墟墓興哀宗廟欽，斯人千古不磨心。涓流積至滄溟水，拳石崇成泰華岑。易簡功夫終久大，支離事業竟浮沉。欲知自下升高處，真偽先須辨只今。」詩中自信其心即理的易簡工夫，直批朱熹道問學工夫只是支離事業，語氣十分尖銳。眾人到了鉛山鵝湖寺後，呂祖謙先請陸九齡講論，當唸出自己道中所作之詩前四句時，朱熹便示意呂祖謙曰：「子壽早已上了子靜船了也。」三年後，朱熹與

陸九齡會面，自作〈和鵝湖寺子壽韻〉詩：「德業流風夙所欽，別離三載更關心。偶攜藜杖出寒谷，又枉籃輿度遠岑。舊學商量加邃密，新知培養轉深沉。只愁說到無言處，不信人間有古今。」從「舊學商量加邃密，新知培養轉深沉」二句中，可以看出朱熹對於自己道問學的工夫有加以調整，部分肯定了陸九淵對於心上工夫的看法，不過朱熹的學問基調仍是性即理的思想。其後，陸九淵於淳熙八年（1181）訪朱熹於南康時，朱熹邀請陸九淵於白鹿洞書院講論，陸九淵遂闡發「君子喻於義，小人喻於利」的思想，深獲時人讚賞。整體而言，鵝湖之會舉辦的初衷在於道學家們的學問論辯，只不過隨著朱熹、陸九淵各自堅持己見、相互批評之下，遂將「尊德性」、「道問學」的工夫次第顯題化，自此以後，朱、陸之間的異同討論遂成為歷代儒者無法迴避的課題。

鵝湖之會三首詩

1　陸九齡

孩提知愛長知欽，古聖相傳只此心。大抵有基方築室，未聞無趾忽成岑。留情傳註翻榛塞，著意精微轉陸沉。珍重友朋勤切磋，須知至樂在於今。

前四句言此道德本心是古今共具，也是一切修養工夫的基礎。後四句批判只重埋首經典不知身體心驗的學問工夫。

2　陸九淵

墟墓興哀宗廟欽，斯人千古不磨心。涓流積至滄溟水，拳石崇

> 成泰華岑。易簡功夫終久大,支離事業竟浮沉。欲知自下升高處,真偽先須辨只今。

前四句表示道德本心是古今共具,修養成聖只在此心上做工夫。後四句批判朱熹過於講究道問學工夫,忘卻道德本心的工夫。

3 朱熹

> 德業流風夙所欽,別離三載更關心。偶攜藜杖出寒谷,又枉籃輿度遠岑。舊學商量加邃密,新知培養轉深沉。只愁說到無言處,不信人間有古今。

整首詩表達鵝湖之會後三年內的改變,除道問學工夫外,也認同尊德性的涵養。末兩句話鋒一轉,又再次批判陸學只重個人心體尊德性的涵養。

第七二回
楊簡：此心本清明無滓，因物有遷而動乎意，故流入於惡

　　楊簡，字敬仲，慈溪人，世稱慈湖先生。生於南宋高宗紹興十一年（1141），卒於南宋理宗寶慶二年（1226），年八十六。楊簡的學問基礎來自其父楊庭顯（1107-1188），其後陸九淵來富陽，二人問答有契，楊簡遂以弟子之禮師之。其後楊簡調任樂平縣，興學訓士，諸生有聞其言而有泣下者。其後治理溫州時期，楊簡在郡廉儉自將，奉養菲薄，閭巷雍睦，民愛之如父母，咸畫像事之。在學問成就上，楊簡又與袁燮（1144-1224）、沈煥（1139-1191）、舒璘（1136-1198）齊名，都受陸九淵心學的影響，時稱「甬上四先生」、「四明四先生」。

　　楊簡對於心的認知受陸九淵道德本心的影響，不以形下概念視之，其曰：「人心非氣血，無體狀。」（《楊氏易傳》卷十九）、又曰：「人之本心即道，故曰道心。」（《楊氏易傳》卷五）人之本心即是道心，不過此道心雖為萬物之本，但卻無具體形質而不可測，故曰：「人心無體，無體則無際，無際則天地在其中。人物生其中，鬼神行其中，萬化萬變皆在其中。」（《楊氏易傳》卷十三）、又曰：「此心無體段，無際畔，不可測知，故學者謂之高深。」（〈學者請書〉）由此可知，楊簡強調心與理合一的形上意義，並以此作為人倫日常接物的根源。

　　在修養工夫方面，楊簡主張不起意的工夫，此意念指的是隨物而生的念慮，其曰：「人性有善而無惡，此心本清明無滓，因物有遷而動乎意，故流入於惡，惡非清明性中本有之物也。今善心興起，則其非本有之惡自然消止矣。」（《先聖大訓》卷三）若順著本心而發用，

則此念慮必是有善而無惡。但意念若隨物而動，則其念慮和行為舉止則容易流於惡，故不起意的工夫在於確保不受物遷的影響，如此本心的發用才成為可能，故曰：「其有失者，皆因乎舊習未之消，意欲之或起，故本明之或虧。」（《先聖大訓》卷三）而不起意的工夫楊簡認為亦是絕意的工夫，其曰：「意態萬狀，不可勝窮，故孔子每每止絕群弟子之意，亦不一而足。他日記者欲記，則不勝其記，故總而記之曰：子絕四，毋意、毋必、毋固、毋我。」（《先聖大訓》卷三）、又曰：「一則為心，二則為意。直則為心，支則為意。通則為心，阻則為意。直心直用，不識不知，變化云為，豈支豈離。感通無窮，匪思匪為。」（〈絕四記〉）將心與意對舉，為了讓本心發用有善而無惡，是以絕意的工夫在於去除人為私意對本心的蒙蔽。

楊簡「本心與意」說的淵源

> 我亦意之我。意生故我立，意不生我亦不立。（〈王子庸請書〉）

楊簡的本心概念，雖具道德價值，但更強調天理的純粹性，不容一粒塵埃。這段話顯然將「我」與「意」等同，將「我」與「天理」對立，因此與其說發揮陸九淵的道德本心，不如說是發揮道德天理，順隨天理流行而無渣滓。

楊簡對本心的看法，與其父楊庭顯有關，在《慈湖遺書》中的〈紀先訓〉裡，多紀錄楊庭顯日常坐臥間的教導，其中對於「私意」的認知，與楊簡所稱之「意」有其相合之處。

楊庭顯認為，「天理」與「私意」對立，存天理就必須全然去除私意，其曰：「人之處世，何如此之難？茲蓋獨任己智倚於一隅，不

得自然而與天理相違之所致也。學者當如何？未若以自己私見屏於千里之外，使胸中了無所有，則所謂天理者見矣。天理，即吾心也。」

第七三回
湖湘學派（一）胡宏：
非性無物，非氣無形。
性，其氣之本乎

　　胡宏，字仁仲，號五峰，崇安人，胡安國之季子。生於北宋徽宗崇寧五年（1106），卒於南宋高宗紹興三十二年（1162），年五十七。胡宏的學問基礎來自胡安國之學，其後又從學於程門弟子楊時、侯仲良，故真德秀曰：「上蔡（謝良佐）傳之武夷胡氏（胡安國），胡氏傳其子五峰（胡宏），五峰傳之張氏（張栻），此又一派也。」（《西山讀書記》卷三一）。其學術成就，融合程門學術與其父胡安國之學，開創湖湘學派，其後經張栻發揚光大，成為南宋時期重要的學術派別。

　　由於胡宏學問本於程門，是以胡宏亦主張性為形上本體，而氣為形下變化之氣，其曰：「非性無物，非氣無形。性，其氣之本乎！」（《知言・事物》）、又曰：「大哉性乎！萬理具焉，天地由此而立矣。世儒之言性者，類指一理而言之爾，未有見天命之全體者也。」（《知言・一氣》）不過胡宏對性的認知，其實已經結合太極為體的概念，使得人之性不只是即理，更是萬物生化的本源。於是性如太極，具有無對、無善惡的特徵，其曰：「凡人之生，粹然天地之心，道義完具，無適無莫，不可以善惡辨，不可以是非分，無過也，無不及也。此中之所以名也。」（《知言疑義》）有善惡分判則為有對，性比善惡分判更高一層，是以無對而處中，故又曰：「誠，天命。中，天性。仁，天心。理性以立命，惟能者能之。」（《知言・漢文》）、又曰：

「誠者,命之道乎。中者,性之道乎。仁者,心之道乎。惟仁者,能盡性至命。」(《知言·天命》)

在性、心的認知上,性無對而處中,心為仁德的實踐,是以胡宏又認為未發是性,已發是心,其曰:「竊謂未發只可言性,已發乃可言心,故伊川曰:『中者,所以狀性之體段』,而不言狀心之體段。」(《答曾吉甫》二)雖性、心有別,但胡宏實則上是將性視為本體,而作用功能則在於心,故曰:「性,天下之大本也,堯、舜、禹、湯、文王、仲尼六君子先後相詔,必曰心而不曰性,何也?曰:『心也者,知天地、宰萬物,以成性者也。六君子,盡心者也,故能立天下之大本。』」(《知言疑義》)心是發用且具有主宰義,而仁是心發用的最高境界,故曰「仁者,心之道乎」。而盡「心體之仁」便是體現「性體之仁」,是以性、心二者又兼具體用之關係,故又曰:「聖人指明其體曰性,指明其用曰心。」(《知言疑義》)

胡宏、朱熹對天理、人欲的認知

1 胡宏

天理、人欲同體而異用,同行異情。進修君子,宜深別焉。(《知言疑義》)

胡宏所謂的同體,並非他人所言之性的意義,而是就他個人對性為無對、無善惡之狀態的詮解,天理、人欲只是心發用的狀態,因此可以視為同一體(性)而有不同發用狀態(心)。又曰:

視聽言動之事,若是表現道義,則是天理。視聽言動之事,若

為物欲所取，便是人欲。(《知言·事物》)

2　朱熹

體中只有天理，無人欲。謂之同體，則非也。同行異情，蓋亦有之。(《朱子語類》卷一百零一)

朱熹肯定天理、人欲同行異情，亦即就發用處來說，人的行為可以朝天理或人欲方面發用。同時，朱熹反對天理、人欲同體而異用，認為性是至善只有天理，無有人欲。

第七四回
湖湘學派（二）張栻：
有太極則有物，故性外無物

　　張栻，字敬夫，又字欽夫、樂齋，號南軒，四川綿竹人，徙居衡陽。生於南宋高宗紹興三年（1133），卒於南宋孝宗淳熙七年（1180），年四十八。張栻其父為南宋初年朝中大臣張浚（1097-1164），是以其學問根基最初受父親所影響。紹興三十一年（1161），張栻稟父命從學於湖湘學派胡宏，其後成為湖湘學派重要的學者。

　　胡宏以性作為本體，張栻則直言太極就是萬物之本體，其曰：「太極之體至靜也，沖漠無朕而無不遍該焉。某所謂至靜，蓋本體貫乎已發與未發而無間者也。然太極不能不動，動極而靜，靜極復動。此靜，對動者也。」（《太極圖解》）太極之體，貫乎動靜體用，故為萬物之本。將太極與性合併而觀，實則是受胡宏的影響。此外，張栻亦用理一分殊的概念詮解太極之理，其曰：「太極一而已矣，散為人物而有萬殊，就其萬殊之中而復有所不齊焉，而皆謂之性。性無乎不在也。」（《孟子說》卷六）、「有太極則有物，故性外無物。有物必有則，故物外無性。」（《孟子說》卷六）張栻認為太極之理存在於萬物之性中，是以人、物之性皆是太極之理的分殊樣態。

　　除了人、物共享太極之性外，張栻亦指出人、物存在氣質之性的差異，其曰：「原性之理，無有不善，人、物所同也。論性之存乎氣質，則人稟天地之精，五行之秀，固與禽獸草木異。」（《論語解》卷九）雖人稟氣之正而與物有別，但張栻亦吸收前儒對人有氣稟不齊的

看法，為了使人的舉止復歸於太極之理的發用，是以必須要有修養工夫，且知與行並重，其曰：「格，至也。格物者，至極其理也。此正學者下工夫處……格物有道，其惟敬夫。是以古人之教有小學，有大學，自灑掃應對而上，使之循循而進。」(〈答江文叔〉)張栻認為格物致知的知必須搭配日用之間的居敬，雖知先於行，但行愈力則知愈深，是以知與行必相須，故曰：「知有精粗，行有淺深，然知常在先。固有知之而不能行者矣，未有不知而能行者也。」(〈寄周子充尚書〉一)、又曰：「始則據其所知而行之，行之力則知愈進，知之深則行愈達。是知常在先，而行未嘗不隨之也。知有精粗，必由粗以及精；行有始終，必自始以及終。內外交正，本末不遺，條理如此，而後可以言無弊。」(〈論語序說〉)

張栻〈仁說〉中的心性情關係

> 人之性，仁義禮智四德具焉，其愛之理則仁也，宜之理則義也，讓之理則禮也，知之理則智也。是四者，雖未形見，而其理固根於此，則體實具於此矣……而所謂愛之理者，是乃天地生物之心，而其所由生者也。故仁為四德之長，而又可以兼包焉。(〈仁說〉)

1. 孔子以仁為眾德之總，孟子將仁與義禮智並列為善端。
2. 張栻結合孔、孟，一方面提出仁義禮智具存於仁之性中，又認為仁兼含其他三德，為德性之總。

> 惟性之中有是四者，故其發見於情，則為惻隱、羞惡、是非、辭讓之端。而所謂惻隱者，亦未嘗不貫通焉，此性情之所以為

體用，而心之道則主乎性情者也……夫靜而仁義禮智之體具，動而惻隱、羞惡、辭讓、是非之端達。其名義位置固不容相奪倫，然而惟仁者為能推之而得其宜。(〈仁說〉)

1. 在心統性情的前提下，性包含仁義禮智四德。
2. 心所發之情若順性，則所發之情亦為惻隱、羞惡、辭讓、是非，無不善矣。

第七五回
事功學派（一）葉適：
道雖廣大，理備事足，而終歸之於物，不使散流

　　葉適，字正則，溫州永嘉人，世稱水心先生。生於南宋高宗紹興二十年（1150），卒於南宋寧宗嘉定十六年（1223），年七十四。南宋孝宗淳熙五年（1178），葉適二十九歲，進士第第二名，授平江節度推官，後因丁母憂，改武昌軍節度判官。其後除太常博士兼實錄院檢討官，嘗薦陳傅良（1137-1203）等三十四人皆召用，時稱得人。又適逢朱熹除兵部郎官，尚未就職時卻被侍郎林栗所劾，葉適上疏為朱熹平反曰：「栗劾熹罪無一實者，特發其私意而遂忘其欺矣！」然終無所果，於是偽學黨禁興起。其學問主事功雖不類於朱熹、陸九淵的學問，但其操守頗具儒者風範，為當時著名的永嘉學派學者，並與陳亮被視為事功學派的代表。

　　身為事功學派的學者，葉適的思想特色在於對形下之器的看重，其曰：「夫形於天地之間者，物也。皆一而有不同者，物之情也。因其不同而聽之，不失其所以一者，物之理也。」（《進卷・詩》）物之理便是萬物共有之理，而物之情則是萬物分化後的殊別之性。葉適與其他理本論思想家不同的是，不特別強調理先於氣的階序，故曰：「『有物混成，先天地生』，老氏之言道如此。按自古聖人，中天地而立，因天地而教。道可言，未有於天地之先而言道者。」（《皇朝文鑑一・律賦》）對於道的描述，葉適皆將之置入物的脈絡中討論，其曰：

「物之所在，道則在焉，物有止，道無止也，非知道者不能該物，非知物者不能至道；道雖廣大，理備事足，而終歸之於物，不使散流。」(《皇朝文鑑一・四言詩》) 道雖廣大而無止，但道的價值仍必須透過物來彰顯，此便是道在器中、道不離器的思維。

因此葉適的工夫論，亦是在器中求道，其曰：「夫欲折衷天下之義理，必盡考詳天下之事物而後不謬。」(〈題姚令威西溪集〉) 不過其器中求道的工夫論與朱熹格物工夫有所差異，其曰：「則知之至者，皆物格之驗也。有一物不知，是吾不與物皆至也。物之至我，其緩急不相應者，吾格之不誠也。」(《進卷・大學》) 朱熹格物工夫重在積累與融會，但葉適格物工夫重在格盡之意，其思維的差異在於對於道的定義有所不同。朱熹以理一分殊理解道與器的關係，因此積累與融會的重點不在於物而在於理，不過葉適卻認為道在器中始有價值，因此格盡所有之物才能全面理解道。

器中求道與器以明道的差異

道器關係	
器中求道的思想	器以明道的思想
1. 葉適的器中求道思維，是相對於其他理學家偏向天理、性理、心理的角度而言，雖不否認氣生化萬物，但更看重萬物在現實界的意義。 2. 其器中求道的方式，類同先秦時期〈性自命出〉的思維：「性自命出，命自天降。道始於情，情生於性。」對於道的認知，必須透過人之情的展現，才能進一步歸納與調整。	器以明道的思維，必先肯定一個主宰於物的本體，萬物都是此本體生化而成，雖萬物變化無窮，但都有著共性之理，是以不必窮盡萬物亦能尋得本體之道。

第七六回
事功學派（二）陳亮：
夫道非出於形氣之表，而常行於事物之間者也

陳亮，字同甫，一字同父，號龍川，婺州永康人。生於南宋高宗紹興十三年（1143），卒於南宋光宗紹熙五年（1194），年五十二。政治上雖不得志，但歸隱後著書講學不輟，從學之人甚多。在文學史上，陳亮與辛棄疾文風相合，皆主於豪放風格。在思想史上，永康學派的陳亮論學多具事功色彩，與葉適相近，故時人以事功學派連稱之。

陳亮的思想亦是相當看重現實界的物事，其曰：「夫盈宇宙者無非物，日用之間無非事。古之帝王獨明於事物之故，發言立政，順民之心，因時之宜，處其常而不惰，遇其變而天下安之。」（《經書發題・書經》）因此其道與器的關係，亦是器中求道的概念，故又曰：「夫道非出於形氣之表，而常行於事物之間者也。」（〈勉強行道大有功〉）對於朱熹、陸九淵的道論，陳亮批評曰：「世之學者玩心於無形之表，以為卓然而有見。事物雖眾，此其得之淺者，不過如枯木死灰而止耳。得之深者，縱橫妙用，肆而不約，安知所謂文理密察之道！」（〈與應仲實〉）在陳亮看來，陸九淵的心學工夫得之於事物少，而與朱熹的格物工夫得之於事物多，但都過猶不及，並非真正以事物為其立論基礎。此外，道與器亦存在理一分殊的關係，其曰：「嘗試觀諸其身，耳目鼻口，肢體脈絡，森然有成列而不亂，定其分於一體也。一處有闕，豈惟失其用，而體固不完矣。是理一而分殊之

說也,是推理存義之實也。」(〈西銘說〉)不過陳亮的理一分殊說與朱熹不同,朱熹的理一分殊概念,重於一與萬物的統攝關係,即物物一太極,但陳亮的理一分殊概念,則是重於一與萬物統合關係,即萬物整全不缺方為理之全貌。

朱熹與陳亮在王霸義利的認知上亦不相同,朱熹認為王道行於三代而霸道行於漢唐,關鍵在於漢唐之君多行於人欲而非天理,其曰:「但以儒者之學不傳,而堯、舜、禹、湯、文、武以來轉相授受之心不明於天下,故漢唐之君雖或不能無暗合之時,而其全體都只在利欲上。」(〈答陳同甫〉)但陳亮認為,單純以天理人欲二分實有不妥,三代漢唐之君本質為一,皆有救世之心,只是做得盡與不盡的程度差別,故曰:「自三代聖人固已不諱其為家天下矣。天下大物也,不是本領宏闊,如何擔當開廓得去?惟其事變萬狀而真心易以汩沒,到得失枝落節處,其皎然者終不可誣耳。」(〈又乙巳春書之一〉)朱熹就道德層面立說,強調行事動機的純粹至善,是義先於利,而陳亮則就事功層面立論,強調行事結果的客觀事實,是利先於義。雙方認知差異度極大,但都源於各自對道與器關係的看法不同所致。

陳亮、朱熹對於古代聖王功業認知的差異

1 陳亮

> 自三代聖人固已不諱其為家天下矣。天下大物也,不是本領宏闊,如何擔當開廓得去?惟其事變萬狀而真心易以汩沒,到得失枝落節處,其皎然者終不可誣耳。(〈又乙巳春書之一〉)

陳亮稟於對物事的看重,強調歷代聖王治理天下的心意一致,並不隨

朝代隨帝王之不同而有所改易。

2 朱熹

> 但以儒者之學不傳，而堯、舜、禹、湯、文、武以來轉相授受之心不明於天下，故漢唐之君雖或不能無暗合之時，而其全體都只在利欲上。(〈答陳同甫〉)

朱熹稟於對道德的重視，檢驗行事的動機是否合於天理，抑或夾雜人欲，是以漢唐帝王不及古代聖王。

第七七回
黃榦：
格物、致知，又以居敬為本焉

　　黃榦，字季直、直卿，號勉齋，福州閩縣人，世稱勉齋先生。生於南宋高宗紹興二十二年（1152），卒於南宋寧宗嘉定十四年（1221），年七十。南宋孝宗淳熙二年（1175），黃榦年二十四，在劉清之（1133-1189）引薦之下從學於朱熹，奠定其學問規模。其後為官之時皆開館講學，故從學之人遍及各地。朱熹過世後，黃榦毅然肩起朱門傳衍的使命，其學問之功多在於著書講學，為宋末、元代朱學開枝散葉的重要人物。

　　黃榦接受《易傳》「《易》有太極，是生兩儀」的說法，是以認為道體應為二而非獨一，其曰：「至於『道生一，一生二，二生三，三生萬物』，則老氏所謂道而非吾儒所謂道也……嘗竊謂太極不可名狀，因陰陽而後見，一動一靜、一晝一夜，以至於一生一死、一呼一吸，無往而非二也。因陰陽之二而反以求之太極所以為陰陽者，亦不出於二也。如是，則二者，道之體也。」（〈復楊志仁書〉）黃榦由太極生陰陽二氣，再從陰陽二氣以反推所以為二氣之理，因此道體應為二而非一。

　　在修身為學方面，黃榦認為要達到聖人純乎天理之境，必須透過讀書與持敬的工夫，故曰：「書不可不讀，義理不可不求，身不可不修，心不可不正。明誠兩立，敬義夾持，俛焉孳孳。問學之道，如此而已。」（〈復黃清卿〉）、又曰：「榦竊聞《大學》之道，以格物、致

知、誠意、正心、修身為本,而推之齊家、治國、平天下。格物、致知,又以居敬為本焉。」(〈家恭伯重齋記〉)黃榦之所以如此重視持敬的工夫,一方面來自朱熹以敬貫動靜、以敬貫大學小學工夫的觀念,同時黃榦認為為學若不以持敬為本,則心中便無所主,容易失於務外之馳,故曰:「故學者立心便當以持養省察為主,至於講學窮理,而持養之意未嘗少懈,乃所以使吾敬愈固而義愈精矣。不以持養省察為主,而曰吾惟講學窮理者,皆務外也。」(〈復饒伯輿〉)、又曰:「致知乃入道之方,而致知非易事,要須默認實體,方見端的……莫若一切將就自身上體者,許多義理名字就自身上見得是如何,則統之有宗,不至於支離外馳也。」(〈答陳泰之書〉)黃榦的讀書與持敬並重看法,實脫胎於朱熹的知行並重,只不過怕朱門學者過於強調道問學工夫,是以提倡居敬的尊德性工夫以矯之。

朱熹與黃榦對道體的認知

1 朱熹

> 天地之間,有理有氣。理也者,形而上之道也,生物之本也。氣也者,形而下之器也,生物之具也。是以人物之生,必稟此理然後有性;必稟此氣然後有形。(《答黃道夫》)

朱熹認為天理為本體為一,氣為形下陰陽二氣的流行變化。天理為形上之理,氣為形下之氣。

2 黃榦

> 嘗竊謂太極不可名狀,因陰陽而後見,一動一靜、一晝一夜,

以至於一生一死、一呼一吸，無往而非二也。因陰陽之二而反以求之太極所以為陰陽者，亦不出於二也。如是，則二者，道之體也。(〈復楊志仁書〉)

黃榦藉由太極之理與太極之氣闡述道體，氣為形下陰陽二氣。本體為太極陰陽二體，是以本體為二而非一。

第七八回
陳淳：其為工夫大要處亦不過致知、力行二事而已

　　陳淳，字安卿，漳州龍溪縣人，出生於彰州城北溪之濱，世稱北溪先生。生於南宋高宗紹興二十九年（1159），卒於南宋寧宗嘉定十六年（1223），年六十五。南宋光宗紹熙元年（1190），朱熹任官漳州，陳淳年三十二，此時才正式拜朱熹為師。南宋寧宗嘉定十年（1217），陳淳年五十九，至臨安赴特試。應試完後應嚴陵太守鄭之悌的邀請，於嚴陵講學兩個月。講學期間，陳淳發現當地多受陸學風氣的影響，因此加以闡發朱學，衛道之心不言而喻。陳淳的學問擅於思辨，長年致力於護衛朱學，於時又被譽為「紫陽別宗」。

　　陳淳擅長分析理學概念，其《北溪字義》一書便是朱熹理學思想的濃縮版，影響後世甚深。在理氣關係中，陳淳發揮朱熹的理氣思想，其曰：「畢竟未有天地萬物之先，必是先有此理。然此理不是懸空在那裡，纔有天地萬物之理，便有天地萬物之氣。纔有天地萬物之氣，則此理便全在天地萬物之中。」（《北溪字義・太極》）理先於氣，但理氣不離不雜，發揮朱熹理氣相分又相合的觀念。在心性思想方面，陳淳亦主張性即理，其曰：「性即理也。何以不謂之理而謂之性？蓋理是泛言天地間人、物公共之理，性是在我之理，只是這道理受於天而為我所有，故謂之性。」（《北溪字義・性》）即便人、物都有公共之理，但亦不能忽略人、物的殊別之性，其曰：「人與物同得天地之氣以生，天地之氣只一般，因人、物受去各不同。人得五行之

秀正而通,所以仁、義、禮、智粹然獨與物異。物得氣之偏,為形氣所拘,所以其理蔽塞而不通。人、物所以為理只一般,只是氣有偏、正,故理隨之而有通塞爾。」(《北溪字義‧性》)

陳淳認為修身為學當以切己為要,故曰:「嘗竊謂聖賢學問,不過明吾心身之理而已。所以為理者,又非可悠悠泛泛、若存若亡、半間半界,須是見得親切端的,見善真如好好色,見惡真如惡惡臭,然後於切己為得力而在我有受用處。」(〈答潘謙之〉)為了避免後學只讀書而不踐履或只踐履而不讀書,因此陳淳主張知行工夫應做為一事來看待,故曰:「其為工夫大要處亦不過致知、力行二事而已,二者皆當齊頭著力並做,不是截然為二事,先致知了然後力行,只是一套底事。」(〈答陳伯澡〉)

黃榦、陳淳對於《四書》與《近思錄》先後次序關係看法

人物	說解	分析
黃榦	先《近思》而後《四子》,卻不見朱先生有此語,陳安卿所謂「《近思》,《四子》之階梯」,亦不知何所據而云。朱先生以《大學》為先者,特以為學之法,其條目綱領莫如此書耳。若《近思》,則無所不載,不應在《大學》之先。至於首卷則嘗見先生說,其初不欲立此一卷,後來覺得無頭,只得存之。今「近思」反成「遠思」也。以故二先生之序皆寓此意,亦可見矣。(〈復李公晦〉)《四子》之序以《大學》、《語》、	1. 不曾聽聞朱熹如此說過。 2. 朱熹之《四書》為學進程以《大學》為先,具有三綱領、八條目的次第架構,完備充足,故不須先安排以義理為主的《近思錄》在前做為引導。 3.《近思錄》於卷三處所錄之經典排序進程,在《大學》後接續《論語》、《孟子》,然在《中庸》之前,卻插上《詩經》和《尚書》,最後

人物	說解	分析
	《孟》、《中庸》為次，《近思》乃雜《詩》、《書》於《語》、《孟》之後。專言《四子》則不及《詩》、《書》，泛言讀書則雜以《詩》、《書》，亦各是一意，於學者用功初不相悖也。（〈復李公晦〉）	才是《易經》，故黃榦認為《近思錄》雖可做為讀書之用，但非如《四書》進程中《大學》、《論語》、《孟子》、《中庸》之絕對階序。
陳淳	向聞先生亦曰：「《四子》，六經之階梯；《近思錄》，《四子》之階梯。」……大抵聖賢示人入德，所以為理義之要者，莫要於《四書》，但絕學失傳寥寥千載，直至四先生而後明。而四先生平日抽關啟鑰，所以講明孔、孟精微嚴密之旨者，又雜見於諸書不可類考，幸吾先生輯其關於大體而切於日用者為此篇。其次第倣《大學》，其會趣準《中庸》，其規模效《語》、《孟》，誠後學迷途之指南，而入聖門之正路也。（〈書李推近思錄跋後〉）	1. 親身聽聞朱熹說過此話。 2. 朱熹和呂組謙在編纂《近思錄》時，其體系規模仿照《四書》之架構。 3. 朱熹發明《四書》之義理，亦是承繼北宋四子的思想而來，而北宋四子又得孔、孟不傳之遺緒，因而學者欲學孔、孟之道，則先須由《近思錄》入手。

第七九回
吳澄：外之物格，則內之知致，此儒者內外合一之學

　　吳澄，字幼清，晚字伯清，世稱草廬先生。撫州崇仁人。生於南宋理宗淳祐九年（1249），卒於元文宗至順四年（1333），年八十五。吳澄長年功於講學，其學問以朱學為宗，故在理氣關係上的看法與朱熹相同，其曰：「自未有天地之前至既有天地之後，只是陰陽二氣而已。本只是一氣，分而言之，則曰陰陽。又就陰陽中細分之，則為五行。五行即二氣，二氣即一氣。氣之所以能如此者，何也？以理為之主宰也。理者，非別有一物在氣中，只是為氣之主宰者即是。無理外之氣，亦無氣外之理。」（〈答人問性理〉）、又曰：「理在氣中一語，亦須善看一氣流行，往來過復，有條不紊。從其流行之體謂之氣，從其有條不紊謂之理，非別有一理在氣中也。」（《宋元學案》卷九十二）理氣之間，雖理先氣後，但亦存在不離不雜的狀態，為程、朱學派典型的看法。

　　在人性論方面，人之生得氣之正，故有天地之性，不過人之形又隨氣而生，故亦有氣質之性，其曰：「人得天地之氣而成形，有此氣即有此理，所有之理謂之性。此理在天地則元亨利貞是也。其在人而為性，則仁義禮智是也。性即天理，豈有不善，但人之生也，受氣於父之時，既有或清或濁之不同，成質於母之時，又有或美或惡之不同。」（〈答人問性理〉）既然氣質之性和天地之性皆是與生俱來之性，因此修養工夫便是將不齊的氣質之性，導向天地之性的純粹至

善,而其中又以持敬工夫為要,故曰:「欲下工夫,惟敬之一字為要法。」(《宋元學案》卷九十二)、又曰:「學者工夫,則當先於用處著力,凡所應接,皆當主於一。主於一,則此心有主,而暗室屋漏之處,自無非僻。」(《宋元學案》卷九十二)在吳澄看來,持敬的工夫並非專主於內心的省察,而是同時必須於事上用功,故又曰:「仁,人心也,然體事而無不在。專一於心,而不務周於事,則無所執著,而或流於空虛。聖賢教人,使其隨事用力,及其至也,無一事之非仁,而本心之全德在是矣。」(《宋元學案》卷九十二)修養工夫兼具內外與知行,顯然受到朱熹學說影響甚深,是以特別排斥只偏於一端的修養工夫,其曰:「蓋聞見雖得於外,而所聞所見之理則具於心,故外之物格,則內之知致。此儒者內外合一之學,固非如記誦之徒,博覽於外,而無得於內。亦非如釋氏之徒,專求於內,而無事於外也。」(《宋元學案》卷九十二)

朱熹、吳澄的格物工夫比較

1　朱熹

> 格,至也。物,猶事也。窮至事物之理,欲其極處無不到也……致,推極也。知,猶識也。推極吾之知識,欲其所知無不盡也。(《大學章句》)

朱熹認為透過事物以窮其理,所得之理須加以類推,並於心中融會貫通已知、未知之理,如此才能達到知至的狀態。格物並非純粹求其客觀知識,而是於分殊之中尋求理一。

2　吳澄

> 蓋聞見雖得於外，而所聞所見之理則具於心，故外之物格，則內之知致。此儒者內外合一之學，固非如記誦之徒，博覽於外，而無得於內。亦非如釋氏之徒，專求於內，而無事於外也。(《宋元學案》卷九十二)

吳澄繼承朱熹的格物工夫，但認為向外格物與向內致知，須一併而觀。其所稱之知至狀態為心體工夫，相對於格物的外在窮理工夫。

第八十回
曹端：今使活人騎馬，則其出入行止疾徐，一由乎人馭之

曹端，字正夫，澠池人，學者稱月川先生，私諡靜修。生於明太祖洪武九年（1376），卒於明宣宗宣德九年（1434），年五十九。曹端篤志儒學，專究性理，其學問務求躬行實踐，尤以靜存為要，為明初著名的宋明理學家之一。

曹端的學問主於朱學，尤其是對理的看重，其曰：「太極，理之別名耳。天道之氣，實理所為。」（〈太極圖說述解序〉）因此曹端對於朱熹以人乘馬之喻論理氣關係頗有微詞，其曰：「而朱子之解極明備矣，其曰『有太極，則一動一靜而兩儀分。有陰陽，則一變一合而五行具』，尤不異焉。又觀《語錄》，卻謂『太極不會自動靜，乘陰陽之動靜而動靜耳』，遂謂『理之乘氣，猶人之乘馬。馬之一出一入，而人亦與之一出一入』，以喻氣之一動一靜，而理亦與之一動一靜。若然，則人為死人，而不足以為萬物之靈。理為死理，而不足以為萬化之源。理何足尚，而人何足貴哉？今使活人騎馬，則其出入行止疾徐，一由乎人馭之何如爾，活理亦然。」（《太極圖說述解‧辨戾》）曹端認為氣化流行並非單純只是陰陽二氣的作用，更重要的是主宰的理是要具有主動發用的意義，因此對於朱熹人乘馬之喻有不同的見解。曹端指出若就朱熹所喻，此理雖在氣中，則死理之氣並非正道，此理會受氣的變化指使，因此曹端認為氣之流行變化必須受到理的主動約束，如同馬往東西方向必須受到活人的主動約束一般，故人要為

活人、理要為活理。

在修養工夫方面，曹端依然以理作為最終境界，因此認為人受氣稟的作用而需要修養工夫以歸於正，其曰：「誠者，實理而無妄之謂。天所賦，物所受之正理也。人皆有之，然氣稟拘之，物欲蔽之，習俗誘之，而不能全此者眾。聖人之所以為聖人者，無他焉，以其獨能全此而已。誠即所謂太極也。」（《通書述解》）、又曰：「學欲至乎聖人之道，須從太極上立根腳。」（《明儒學案・語錄》）而修養工夫必須從敬入手，強調躬行實踐的重要性，其曰：「事事都於心上做工夫，是入孔門底大路。」（《明儒學案・語錄》）、又曰：「吾輩做事，件件不離一敬字，自無大差失。」（《明儒學案・語錄》）於是透過敬的躬行實踐，使心常存誠，如此才能達到聖人之境，故曰「學聖希賢，惟在存誠，則五常百行，皆自然無不備也。無欲便覺自在。」（《明儒學案・語錄》）

朱熹、曹端的人乘馬之喻

1 朱熹

> 太極，理也；動靜，氣也。氣行則理亦行，二者常相依而未嘗相離也。太極猶人，動靜猶馬，馬所以載人，人所以乘馬，馬之一出一入，人亦與之一出一入，蓋一動一靜，而太極之妙未嘗不在焉。（《朱子語類》卷九十四）

理雖先於氣，但理氣不相離，是以萬物生化雖藉由氣運行，不過理未嘗須臾離於萬物。以馬喻氣，以人喻理，一動一靜，人皆在馬上，猶理在氣上。

2 曹端

而朱子之解極明備矣,其曰『有太極,則一動一靜而兩儀分。有陰陽,則一變一合而五行具』,尤不異焉。又觀《語錄》,卻謂『太極不會自動靜,乘陰陽之動靜而動靜耳』,遂謂『理之乘氣,猶人之乘馬。馬之一出一入,而人亦與之一出一入』,以喻氣之一動一靜,而理亦與之一動一靜。若然,則人為死人,而不足以為萬物之靈。理為死理,而不足以為萬化之源。理何足尚,而人何足貴哉?今使活人騎馬,則其出入行止疾徐,一由乎人馭之何如爾,活理亦然。(《太極圖說述解・辨戾》)

曹端不認為理乘氣的關係為馬上之人隨馬之任意東西而不受拘束,相反地曹端指出馬之東西必須受到活人的約束。氣之流行變化必須受到理的約束,因此理和人都具有主宰的意義,人為活人、理為活理。

第八一回
吳與弼：大抵聖賢授受，緊要惟在一敬字

吳與弼，初名夢祥，後改名與弼，字子傅（《明史》作子傳），號康齋。生於明太祖洪武二十四年（1391），卒於明憲宗成化五年（1469），年七十九。因家貧而躬親耕稼，然非其義而一介不取。吳與弼學問道德高尚，但屢辭徵聘，終生以講學為樂，其門生眾多，以胡居仁重力行、陳獻章重涵養最為出名。

吳與弼的思想重於克己力行的實踐工夫，認為透過讀書與修身力行可以達到成聖的目的，其曰：「聖賢教人，必先格物致知以明其心，誠意正心以修其身，修身以及家、而國、而天下不難矣，故君子之心，必兢兢於日用常行之間，何者為天理而當存，何者為人欲而當去。」（《康齋集》卷十）、又曰：「四書、五經須令成誦，使其言如自己出，則味自別。古人云『讀書千遍，其義自見。』非虛言也。」（《康齋集》卷八）在吳與弼看來，讀聖賢書是修身為學的第一步，而讀書與修身力行便是落實存天理、去人欲的工夫。在工夫實踐方面，吳與弼特重持敬的工夫，其曰：「大抵聖賢授受，緊要惟在一敬字。人能衣冠整肅，言動端嚴，以禮自持，則此心自然收斂，雖不讀書亦漸有長進，但讀書明理以涵養之，則尤佳耳。」（《康齋集》卷八）、又曰：「居敬窮理明諸體，養氣集義利諸用，而曰聖不可學，吾不信也。」（《康齋集》卷十）

吳與弼繼承朱熹對於氣稟的說法，認為人受氣質之性的影響，因

此已發之心未必合於天理，於是必須要有下學工夫以恢復心體本然澄澈之貌。而此下學工夫在吳與弼看來，便是持敬的工夫。朱熹指出敬的工夫貫通動靜兩端，吳與弼由於重工夫實踐的意義，因此對於居敬的工夫則偏向由心體應事來說明，其曰：「人須整理心下，使教瑩淨，常惺惺地方好，此敬以直內工夫也。」（《康齋集》卷十一）、又曰：「敬義夾持，實洗心之要法。」（《康齋集》卷十）對心體發用之克己工夫的重視，無形中也影響了陳獻章屢求心體與天理吻合之境地。吳與弼一生終究是以實踐為要，而非長於理論之建構，因此其思想及修養工夫多就自己日常而發，如：「以事暴怒即悔之，須持其志毋暴其氣。應事後，即須看書不使此心頃刻走作。」（《康齋集》卷十一）、又如：「細觀《近思錄》，乃知聖賢教人之法備在方策，而自己學力未至，以致齷齪無量，安得良朋共執此文，細細講明，以為持己處事之資也。」（《康齋集》卷十一）

吳與弼的修養論圖示

人性 ⟶ 天地之性　心之發用　（中理）
　　　　氣質之性 ⟶ 　　　　（不中理）⟶ 讀書、持敬

克己力行的實踐家

以事暴怒即悔之，須持其志毋暴其氣。應事後，即須看書不使此心頃刻走作。（《康齋集》卷十一）

細觀《近思錄》，乃知聖賢教人之法備在方策，而自己學力未

至,以致齷齪無量,安得良朋共執此文,細細講明,以為持己處事之資也。(《康齋集》卷十一)

吳與弼的修養工夫雖對治氣質之性所影響的心體發用,但實際上是對治處世之情緒,是以每每記下自己處世之情境,儼然將朱學的格局限縮在個人的日常反省學問,較不關心朱學的抽象理論建構。

第八二回
薛瑄：理如日光，氣如飛鳥，理乘氣機而動，如日光載鳥背而飛

　　薛瑄，字德溫，號敬軒，河津人。生於明太祖洪武二十二年（1389），卒於明英宗天順八年（1464），年七十六。薛瑄的學問以程、朱為本，其修己教人，以復性為主，嘗曰：「自考亭以還，斯道已大明，無煩著作，直須躬行耳。」（《明史》）

　　在理氣方面，薛瑄繼承朱熹理無聚散、氣有聚散的說法，其曰：「天地間只有理氣而已，其可見者氣也，其不可見者理也。」（《讀書錄》卷一）、又曰：「有形者可以聚散言，無形者不可以聚散言。」（《讀書錄》卷四）朱熹的理氣關係，可分為理氣相分和理氣相合兩方面，不過薛瑄和曹端皆較重理氣相合的面向，其曰：「理只在氣中，決不可分先後，如太極動而生陽，動前便是靜，靜便是氣，豈可說理先而氣後也。」（《讀書錄》卷四）、又曰：「蓋未有天地之先，天地之形雖未成，而所以為天地之氣則渾渾乎未嘗間斷止息，而理涵乎氣之中也……理氣二者，蓋無須臾之相離也，又安可分孰先孰後哉。」（《讀書錄》卷三）氣的變化為氣聚物生、氣散物滅，在理無聚散又理與氣相合的前提下，薛瑄又以日光和飛鳥比喻其間的關係，其曰：「理如日光，氣如飛鳥，理乘氣機而動，如日光載鳥背而飛。鳥飛而日光雖不離其背，實未嘗與之俱往而有間斷之處，亦猶氣動而理未嘗與之暫離，實未嘗與之俱盡而有滅息之時。氣有聚散，理無聚散，於此可見。」（《讀書錄》卷五）

薛瑄的工夫論在於復性，其曰：「千古聖賢教人之法，只欲人復其性而已。」（《讀書續錄》卷五）而其人性觀點亦受理氣思想的影響，其曰：「性一也，本然之性純以理言，氣質之性兼理氣言，其實則一也。」（《讀書錄》卷五）、又曰：「以不雜者言之，謂之本然之性。以不離者言之，謂之氣質之性，非有二也。」（《讀書錄》卷七）本然之性純為理，故亦無聚散生滅，而氣質之性則為本然之性與氣相合的結果，故非獨立為另一個性，因此薛瑄又曰：「本然之性，理一也。氣質之性，分殊也。」（《讀書錄》卷七）於是修養工夫便是順著前賢的智慧加上持敬工夫的實踐，以達到靜而無欲的本然之性境界，故曰：「四書、《五經》、周、程、張、朱之書，道統正傳，舍此而他學，非學也。」（《讀書錄》卷五）、「程子之主敬，周子之無欲，皆為學之至要。」（《讀書錄》卷五）

薛瑄的理氣日光飛鳥之喻

理如日光，氣如飛鳥，理乘氣機而動，如日光載鳥背而飛。鳥飛而日光雖不離其背，實未嘗與之俱往而有間斷之處，亦猶氣動而理未嘗與之暫離，實未嘗與之俱盡而有滅息之時。氣有聚散，理無聚散，於此可見。（《讀書錄》卷五）

1　理氣不離

薛瑄主張理氣不離，以日光喻理、飛鳥喻氣，日光不離飛鳥，故理不離氣。

2　理氣相行

流動之氣如鳥飛，氣變而理不變，如同鳥飛而日光不離鳥。

3　理無聚散，氣有聚散

鳥會消逝，如氣滅，但日光恆在，如理不滅。

第八三回
陳獻章：
為學須從靜中坐養出個端倪來

　　陳獻章，字公甫，號石齋，世稱白沙先生，廣東新會人，其學又稱江門之學。生於明宣宗宣德三年（1428），卒於明孝宗弘治十三年（1500），年七十三。明英宗正統十二年（1447）陳獻章入國子監讀書，其後不第，乃從吳與弼學習朱學，半年後歸家閉門讀書，然終未有所得。於是築台以靜坐，數年的靜坐工夫，讓陳獻章體會道非在外而是在本心的道理，遂將學問工夫轉向心體的涵養。陳獻章的心學貴於自得，以靜為主，求之於本心上，故黃宗羲評曰：「先生學宗自然，而要歸於自得。」（《明儒學案・師說》）

　　陳獻章的思想由朱學格物窮理轉向自覺心體涵養，藉由靜坐工夫，深刻體會己心與天理相吻合之時，其曰：「終日乾乾，只是收拾此而已。此理干涉至大，無內外，無終始，無一處不到，無一息不運。會此則天地我立，萬化我出，而宇宙在我矣。」（〈與林郡博〉）在陳獻章看來，天理自然的意義在於天理流行不滯於一物，但每一物又由天理而出，故曰：「古之善學者，常令此心在無物處，使運用得轉耳。學者以自然為宗，不可不著意理會。」（〈與湛民澤〉）以自然為宗，便是要人體會己心與天理流行一致，如鳶飛魚躍之狀，活潑潑充滿生氣而各得其所。

　　在修養工夫方面，陳獻章基於自己體認天理的經驗，因此每每教人行靜坐工夫，其曰：「為學須從靜中坐養出個端倪來，方有商量

處。」(〈與賀克恭黃門〉) 此端倪便是指己心之善端,唯有先體認己心之善端,才有後續體認天理的境界,故曰:「為學當求諸心,必得所謂虛明靜一者為之主。徐取古人緊要文字讀之,庶能有所契合,不為影響依附,以陷於徇外自欺之弊,此心學法門也。」(〈書自題大塘書屋詩後〉) 此「虛明靜一者」,便是指己心純乎天理而無外物凝滯之狀態,其後在讀書與靜坐二工夫相輔相成下,體認己心之天理方為踏實,故曰:「夫養善端於靜坐,而求義理於書冊,則書冊有時而可廢,善端不可不涵養也,其理一耳。」(〈與林緝熙書〉)、又曰:「學者苟不但求之書而求諸吾心,察於動靜有無之機,致養其在我者,而勿以聞見亂之,去耳目支離之用,全虛圓不測之神,一開卷盡得之矣。非得之書也,得自我者也。蓋以我而觀書,隨處得益;以書博我,則釋卷而茫然。」(〈道學傳序〉)

朱熹、陳獻章對於道問學工夫的看法

1 朱熹

> 格,至也。物,猶事也。窮至事物之理,欲其極處無不到也……致,推極也。知,猶識也。推極吾之知識,欲其所知無不盡也。(《大學章句》)

朱熹認為透過事物以窮其理,所得之理須加以類推,並於心中融會貫通已知、未知之理,如此才能達到知至的狀態。格物並非純粹求其客觀知識,而是於分殊之中尋求理一。

2　陳獻章

為學須從靜中坐養出個端倪來，方有商量處。(〈與賀克恭黃門〉)

為學當求諸心，必得所謂虛明靜一者為之主。徐取古人緊要文字讀之，庶能有所契合，不為影響依附，以陷於徇外自欺之弊，此心學法門也。(〈書自題大塘書屋詩後〉)

陳獻章並非如陸九淵排斥道問學工夫，只是在道問學工夫前，必須要先涵養識得此心。先立此心，然後觀書才有宗主脈絡，避免因道問學工夫多而偏廢德性涵養工夫。

第八四回
胡居仁：
工夫本原，只在主敬存心上

　　胡居仁，字叔心，號敬齋，餘干人。生於明宣宗宣德九年（1434），卒於明憲宗成化二十年（1484），年五十一。胡居仁二十一歲時拜吳與弼為師，從此絕意仕進之路，致力於事親與講學。其學問以朱熹主敬工夫自律，每日必反躬自省得失之處，亦為明代朱學躬行實踐者之一。

　　胡居仁的思想以主敬、躬行實踐為特色，而主敬的意義在於治心，其曰：「工夫本原，只在主敬存心上。致知力行，皆靠這裡做去。」（《居業錄》卷二）胡居仁認為心本具理，因此修養工夫在於使其心常處於天理狀態，其曰：「心理不相離，心存則理自在，心放則理亦失。理明則心必明，心明則理亦著，存心窮理交致其功方是。」（《居業錄》卷二）胡居仁對於心具理的認知，源於其理氣思想，其曰：「理與氣不相離，心與理不二，心存則氣清，氣清則理益明。」（《居業錄》卷一）、又曰：「理乃氣之理，氣乃理之氣，混之則無別，二之則不是。理是氣之主，氣是理之具，二者元不相離，故曰二之則不是。」（《居業錄》卷一）胡居仁認為理雖主宰於氣，但更強調理氣相合的一面，此為其理氣思想的特色。

　　胡居仁對敬十分看重，其曰：「聖賢工夫雖多，莫切要如敬字。敬有自畏慎底意思，敬有肅然自整頓底意思，敬有卓然精明底意思，敬有湛然純一底意思，故聖學就此做根本。」（《居業錄》卷三）敬的工夫在於使發用之心時時刻刻保持清醒狀態，屬於由內而外的實踐哲

理方能朗現，因此胡居仁表示：「心本有知，因氣稟物欲昏蔽其良知，故須致知。」(《居業錄》卷四)、又曰：「窮理格物，先從性情上窮究，則見得仁義禮智，渾然全體具於吾心，惻隱、羞惡、辭讓、是非，隨感而發。就從此力加操存省察，推廣擴充，此便是原頭工夫，根本學問。」(《居業錄》卷四)在胡居仁看來，格物窮理並非向外窮格，而是在心體受蒙蔽的現實考量下，透過讀書致知的工夫向內發掘本具理之心體，並加以擴充心體的道德價值，實踐程頤教人「涵養須用敬，進學則在致知」的工夫論，故曰：「讀書須以身體，則書上道理方與自家湊泊。若默識而心通之，則書與我無間矣。」(《居業錄》卷四)

朱熹、胡居仁對敬的認知看法

人物	朱熹	胡居仁
原典	「蓋吾聞之，敬之一字，聖學所以成始而成終者也。為小學者，不由乎此，固無以涵養本原，而謹夫灑掃應對進退之節，與夫六藝之教。為《大學》者，不由乎此，亦無以開發聰明，進德脩業，而致夫明德新民之功也。」(《大學或問》)	「聖賢工夫雖多，莫切要如敬字。敬有自畏慎底意思，敬有肅然自整頓底意思，敬有卓然精明底意思，敬有湛然純一底意思，故聖學就此做根本。」(《居業錄》卷三) 「心本有知，因氣稟物欲昏蔽其良知，故須致知。」(《居業錄》卷四)
主張	多就大方向著手，如敬貫動靜、敬貫小學大學工夫。	受吳與弼的影響，多就躬行實踐上論敬的工夫。
敬的解讀	敬是時時刻刻的自我省察工夫，但亦須輔以格物致知之工夫。	敬即是常醒醒工夫，目的在於勿使氣稟蒙蔽了本然純善之性。

第八五回
湛若水：隨處體認天理

　　湛若水，字元易，號甘泉，廣東增城人。生於明憲宗成化二年（1466），卒於明世宗嘉靖三十九（1560），年九十五。明孝宗弘治七年（1494），湛若水二十九歲，從學陳獻章。三年後，悟得隨處體認天理，嘗曰：「若能隨處體認真見得，則日用間參前倚衡，無非此體，在人涵養以有之於己耳。」（〈上白沙先生啟略〉）其體會頗受陳獻章肯定，成為陳獻章心學的重要傳人。

　　「隨處體認天理」為湛若水思想的核心，其曰：「吾所謂天理者，體認於心，即心學也。有事無事，原是此心。無事時萬物一體，有事時物各付物，皆是天理充塞流行，其實無一事。」（〈新泉問辨錄〉）天理隨氣流行，萬物皆稟受此理，此便是人可以以心應萬事萬物而體認天理的前提。對於心，湛若水表示：「虛靈方直而不偏，心之本體，所謂天理。是心也，人人之所固有。」（《聖學格物通・正心》）心體不僅具有知覺功能，本身亦是理，以本心應萬事，故天理隨處可體認，故曰：「心外無事，心外無物，心外無理，三句無病。」（〈答太常博士陳惟浚〉）

　　然而心之本體在現實中亦為物欲所蔽，因此需要有修養工夫以去物欲之蔽，其曰：「氣習、物欲蔽之，則本體昏塞而不知返，天理滅矣。」（《聖學格物通・感應》）、又曰：「體認天理，乃煎銷習心之工夫。蓋天理與習心相為消長，養得天理長一分，習心便消一分，天理長至十分，則習心便消十分，即為大賢；熟而化之，即是聖人。」（〈問疑錄〉）湛若水認為敬和勿忘勿助的實踐工夫，有助於學者煎銷

習心,其曰:「敬者,聖學之要,自古千聖千賢,皆在此處用功,體認天理皆是這個大頭腦,更無別個頭腦。」(〈經筵講章〉)、又曰:「敬者,一也。一者,無欲也。」(〈庸語〉)主敬在於主於一,心主於本然之天理,則習心便滅而成無人欲之狀。至於勿忘勿助,湛若水曰:「勿忘勿助,只是說一個敬字。忘、助皆非心之本體,此是心學最精密處,不容一毫人力。」(《聖學格物通・進德業》)勿忘勿助的工夫其目是指使心體回到天理之自然,因此無論忘或助,都會讓心體活動有所偏,故湛若水又曰:「天理者,吾心本體之中正也。一則存,二則亡,覺不覺而已。」(〈庸語〉)

湛若水的敬與勿忘勿助工夫

1 敬

> 敬者,聖學之要,自古千聖千賢,皆在此處用功,體認天理皆是這個大頭腦,更無別個頭腦。(〈經筵講章〉)

> 敬者,一也。一者,無欲也。(〈庸語〉)

敬的工夫是專一,專一的對象是具理的此心。一旦此心純乎天理,則便無有人欲。

2 勿忘勿助

> 勿忘勿助,只是說一個敬字。忘、助皆非心之本體,此是心學最精密處,不容一毫人力。(《聖學格物通・進德業》)

勿忘勿助援用孟子的比喻，此處借來說明敬的工夫只是隨處體認天理，勿忘之，勿額外助之，此心體工夫常在。

第八六回
羅欽順：理只是氣之理，當於氣之轉折處觀之

　　羅欽順，字允升，號整菴，泰和人。生於明宣宗化成元年（1465），卒於明世宗嘉靖二十六年（1547），年八十三。羅欽順早年亦受佛學的影響，故曰：「昔官京師，逢一老僧，漫問何由成佛，渠亦漫舉禪語為答『佛在庭前柏樹子』。意其必有所謂，為之精思達旦，攬衣將起，則恍然而悟，不覺流汗通體。既而得《證道歌》讀之，若合符節。自以為至奇至妙，天下之理莫或加焉。」（《明儒學案》卷四十七）不過其後羅欽順的學問轉向儒學，以數十年積累之功，在六十歲之時見得心性之真，成為當時著名的宋明理學家之一。

　　羅欽順的思想著重於對氣論的建構，在理氣關係上主張從氣的轉折處以觀理，其曰：「理只是氣之理，當於氣之轉折處觀之。往而來，來而往，便是轉折處也。夫往而不能不來，來而不能不往，有莫知其所以然而然，若有一物主宰乎其間而使之然者，此理之所以名也。」（《困知記》卷下）、又曰：「理須就氣上認取，然認氣為理便不是。」（《困知記》卷下）羅欽順對氣的認知有別於程、朱，認為有是氣的運行才有是理，並非先肯定有是理而後載之於氣之上，故又曰：「氣之聚便是聚之理，氣之散便是散之理，惟其有聚有散，是乃所謂理也。」（《困知記》卷下）

　　在心性方面，羅欽順指出心之理與性之理皆屬氣之理的理一分殊關係，其曰：「夫心者人之神明，性者人之生理，理之所在謂之心，心

之所有謂之性，不可混而為一也。」(《困知記》卷上)、又曰:「能思者心，所思而得者，性之理也。」(《困知記》卷下) 在羅欽順看來，心由氣而生，氣中有理，故心本具有是理。而性為氣生萬物後所具的殊別之理，是以心之理與性之理具有理一分殊的關係，其曰:「蓋人物之生，受氣之初，其理惟一，成形之後，其分則殊。其分之殊，莫非自然之理，其理之一，常在分殊之中。」(《困知記》卷上) 順著心之理與性之理的分辨，修養工夫則是強調去我私以明心之理，其曰:「夫人心虛靈之體，本無不該，惟其蔽於有我之私，是以明於近而暗於遠，見其小而遺其大……故《大學》之教，必始於格物，所以開其蔽也。」(《困知記》卷上)、又曰:「所貴乎格物者，正欲即其分之殊而有見乎理之一。」(〈與王陽明書〉) 從分殊以見理一，是以修養工夫必在於我之身，藉由格物工夫去我之私，如此才能復歸心之理。

張載、羅欽順的氣論建構比較

1　張載

> 太虛無形，氣之本體，其聚其散，變化之客形爾。(《正蒙・太和篇》)

> 一物兩體，氣也。一故神，兩故化，此天之所以參也。(《正蒙・參兩篇》)

張載所言之氣，是兼含形上之體與形下之用而言，此氣之理具有主宰的意義。太虛作為一，藉由神的作用而使氣運行變化，使得太虛、二氣而成為參以化萬物。

2　羅欽順

> 蓋通天地，亙古今，無非一氣而已。氣本一也，而一動一靜，一往一來，一闔一闢，一升一降，循環無已……千條萬緒，紛紜膠輵而卒不可亂，有莫知其所以然而然，是即所謂理也。初非別有一物，依於氣而立，附於氣以行也。(《困知記》卷上)

> 理須就氣上認取，然認氣為理便不是。(《困知記》卷下)

羅欽順所言之氣偏向形下之氣，而理雖為形上，但不先於氣而存在，氣中之條理者為理。

第八七回
王守仁（一）：此心無私欲之蔽，即是天理，不須外面添一分

　　王守仁，字伯安，學者稱陽明先生，餘姚人。生於明憲宗成化八年（1472），卒於明世宗嘉靖七年（1528），年五十七。王守仁十八歲時，從學於朱學學者婁諒，慨然以為聖人可學而至。其後官場失意，貶為貴州龍場驛丞後，卻悟得良知之學本具於心，學問方向遂從此改變。其良知說、知行合一說在中晚明時期蔚為風尚，心學遂與朱學成為明代中葉後兩大學術派別。

　　王守仁悟得道在己心的意義後，便捨棄朱熹格物窮理的方法，其曰：「夫萬事萬物之理不外於吾心，而必曰窮天下之理，是殆以吾心之良知為未足，而必外求於天下之廣以裨補增益之，是猶析心與理而為二也。」（《傳習錄》中）、又曰：「心即理也。此心無私欲之蔽，即是天理，不須外面添一分。」（《傳習錄》上）在心即理的前提下，王守仁教人知行合一工夫，因此當其門人徐愛（1487-1517）問及知與行無法契合時，王守仁曰：「此已被私欲隔斷，不是知行的本體了。未有知而不行者，知而不行，只是未知。聖賢教人知行，正是要復那本體，不是著你只恁的便罷。」（《傳習錄》上）心體完滿具足此理，意念為心體所發，則意念之發必然依純善而行，故未有知而不行者。知而不行，只是私欲作亂和未能真知而已，故曰：「今人學問，只因知行分作兩件，故有一念發動，雖是不善，然卻未曾行，便不去禁止。我今說個知行合一，正要人曉得一念發動處，便即是行了。發動

處有不善，就將這不善的念克倒了，須要徹根徹底，不使那一念不善潛伏在胸中，此是我立言宗旨。」(《傳習錄》上)

而在平定宸濠、忠泰之變後，王守仁教人則以致良知為要，其曰：「吾良知二字，自龍場以後，便已不出此意，只是點此二字不出。與學者言，費卻不少辭說。今幸見出此意。一語之下，洞見全體，直是痛快。」(〈刻文錄敘說〉)王守仁的良知為心體純粹至善之貌，同時良知又具有能知能覺的是非判斷能力，其曰：「良知只是個是非之心，是非只是個好惡。只好惡，就盡了是非。」(《傳習錄》下)因此王守仁的致良知工夫，便是存天理、去人欲的工夫，尤其要在意念發動處做工夫，故又曰：「只要去人欲，存天理，方是功夫；靜時念念去人欲，存天理；動時念念去人欲，存天理。」(《傳習錄》上)唯有將私欲之蔽去之，心體良知才能全然朗現，知與行必然合一。

王守仁的知行合一與致良知工夫

1 知行合一工夫

> 今人學問，只因知行分作兩件，故有一念發動，雖是不善，然卻未曾行，便不去禁止。我今說個知行合一，正要人曉得一念發動處，便即是行了。發動處有不善，就將這不善的念克倒了，須要徹根徹底，不使那一念不善潛伏在胸中，此是我立言宗旨。(《傳習錄》上)

知行合一的工夫主要對治為善不確實之病，舉止行為與所知之道理有所落差，此即是去習心、人欲工夫。

2　致良知工夫

> 良知只是個是非之心,是非只是個好惡。只好惡,就盡了是非。(《傳習錄》下)

> 只要去人欲,存天理,方是功夫;靜時念念去人欲,存天理;動時念念去人欲,存天理。不管寧靜不寧靜。(《傳習錄》上)

致良知的工夫將工夫主體放在良知上,動靜語默之間,心體所發之意念都必須切合良知發用。

第八八回
王守仁（二）：
無心外之理，無心外之物

　　王守仁在龍場悟道前，曾依朱熹格物方法格竹，卻未能格出其所以然來，其曰：「某因自去窮格，早夜不得其理，到七日，亦以勞思致疾。遂相與嘆聖賢是做不得的，無他大力量去格物了。及在夷中三年，頗見得此意思，乃知天下之物，本無可格者，其格物之功，只在身心上做，決然以聖人為人人可到，便自有擔當了。」（《傳習錄》下）有了亭前格竹和龍場悟道的經驗後，王守仁便認為程、朱的格物方法終究是使心與理為二而非一，故曰：「朱子所謂云者，在『即物而窮其理』也。即物窮理，是就事事物物上求其所謂定理者也，是以吾心而求理於事事物物之中，析心與理而為二矣。事事物物皆得其理者，格物也，是合心與理而為一者也。」（《傳習錄》中）唯有以心與理為一的工夫才能真正達到物格之境，故龍場悟道的心即理之說便是將格物工夫的焦點放回己身，其曰：「身之主宰便是心，心之所發便是意，意之本體便是知，意之所在便是物。如意在於事親，即事親便是一物⋯⋯所以某說無心外之理，無心外之物。」（《傳習錄》上）
　　王守仁認為格物工夫不是藉由外在即物窮理的方式進行，而是回到心體發用的意念之上，其曰：「致知必在於格物。物者，事也。凡意之所發，必有其事，意所在之事謂之物。格者，正也。正其不正以歸於正之謂也。正其不正者，去惡之謂也。歸於正者，為善之謂也。夫是之謂格。」（〈大學問〉）相對於朱熹認為「格，至也。物，猶事

也。窮至事物之理,欲其極處無不到也。」、「致,推極也。知,猶識也。推極吾之知識,欲其所知無不盡也。」(《大學章句》)王守仁認為格物工夫只是為善去惡的工夫,因此從心體的意念之發著手。心體意念之發若本於純善,則其行為便是純善,也就是致知的致良知工夫,這種內求的格物工夫猶如明鏡清水一般,故曰:「先生之格物,如磨鏡而使之明,磨上用功,明了後亦未嘗廢照。」(《傳習錄》上)、「君子之學,以明其心。其心本無昧也,而欲為之蔽,習為之害,故去蔽與害而明復,非自外得也。心猶水也,污入之而流濁;猶鑑也,垢積之而光昧⋯⋯世儒背叛孔、孟之說,昧於《大學》格物之訓,而徒務博乎其外,以求益乎其內,皆入污以求清,積垢以求明者也,弗可得已。」(《傳習錄》中)

朱熹、王守仁的格物說解

1　朱熹

> 格,至也。物,猶事也。窮至事物之理,欲其極處無不到也⋯⋯致,推極也。知,猶識也。推極吾之知識,欲其所知無不盡也。(《大學章句》)

朱熹認為透過事物以窮其理,所得之理須加以類推,並於心中融會貫通已知、未知之理,如此才能達到知至的狀態。格物並非純粹求其客觀知識,而是於分殊之中尋求理一。

2　王守仁

> 致知必在於格物。物者,事也。凡意之所發,必有其事,意所

在之事謂之物。格者,正也。正其不正以歸於正之謂也。正其不正者,去惡之謂也。歸於正者,為善之謂也。夫是之謂格。(〈大學問〉)

王守仁認為格物工夫只是為善去惡的工夫,因此從心體的意念之發著手。心體意念之發若本於純善,則其行為便是純善,也就是致知的致良知工夫。

第八九回
浙中王門（一）王畿：
若能在先天心體上立根，
則意所動自無不善

　　王畿，字汝中，學者稱龍溪先生，山陰人。生於明孝宗弘治十一年（1498），卒於明神宗萬曆十一年（1583），年八十六。王畿受業於同宗王守仁，由於天資聰穎，領悟力極高，成為王守仁門人中之佼佼者。王畿一生之學問皆在闡發王守仁心學，故黃宗羲表示：「先生林下四十餘年，無日不講學，自兩都及吳、楚、閩、越、江、浙，皆不有講舍，莫不以先生為宗盟。」（《明儒學案》卷十二）
　　雖王畿和錢德洪都是王守仁的高徒，但二人對修養工夫的看法卻不相同，王畿對於心性功夫偏向本體即工夫的頓悟，因此認為在心體純然至善的當下，由心所發的意念也都是純善。不過錢德洪卻認為，人的習心會讓心體所發的意念朝向惡的情況發展，因此必須透過後天的格物工夫讓意念趨於正，此為漸修工夫。王守仁早期教人去人欲以識得本心即理，悟得本心即理後，務使意念之發不受蒙蔽以達知行合一之狀態，不過晚期直接教人致良知的心體朗現工夫，因而王畿和錢德洪的看法只是王守仁心學的不同階段。
　　王畿的現成良知觀念強調心體至善的當下朗現，其曰：「吾人一切世情嗜欲皆從意生。心本至善，動於意始有不善。若能在先天心體上立根，則意所動自無不善，世情嗜欲自無所容，致知功夫自然易簡省力。」（《王龍溪先生全集》卷一）、又曰：「良知原是無中生有。即

是未發之中，此知之前更無未發。即是中節之和，此知之後更無已發。自能收斂，不須更主於收斂，自能發散，不須更期於發散。當下現成，不假功夫修證而後得。」(《王龍溪先生全集》卷十七) 為了讓現成良知常處於至善之狀，是以王畿針對意念之發而提出無念之念工夫，其曰：「聖狂之分無他，只在一念真與罔之間而已。一念明定，便是緝熙之學。一念者，無念也，即念而離念也。故君子之學，以無念為宗。」(《王龍溪先生全集》卷十五) 由於意念之起受接物影響，因此王畿提出即念而離念，意圖讓心體發用的念頭不受接物的影響，而常保於無善無惡的心體至善狀態，故又曰：「念有二義，是為現在心，所謂正念也。二心為念，是為將迎心，所謂邪念也。心為現在之心，則念為現在之念，知為現在之知，而物為現在之物。現在則無將迎而一之也。」(《明儒學案》卷十二)

天泉證道

丁亥年九月，先生（王守仁）起復征思、田。將命行時，德洪（錢德洪）與汝中（王畿）論學。汝中舉先生教言曰：「無善無惡是心之體，有善有惡是意之動，知善知惡是良知，為善去惡是格物。」德洪曰：「此意如何？」

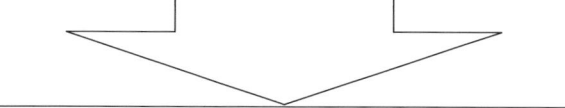

⬇

汝中曰：「此恐未是究竟話頭。若說心體是無善無惡，意亦是無善無惡的意，知亦是無善無惡的知，物是無善無惡的物矣。若說意有善惡，畢竟心體還有善惡在。」

⬇

德洪曰：「心體是天命之性，原是無善無惡的。但人有習心，意念上見有善惡在，格、致、誠、正、修，此正是復那性體功夫。若原無善惡，功夫亦不消說矣。」是夕侍坐天泉橋，各舉請正。

⬇

生曰：「我今將行，正要你們來講破此意。二君之見正好相資為用，不可各執一邊。我這裏接人原有此二種：利根之人，直從本源上悟入。人心本體原是明瑩無滯的，原是個未發之中。利根之人一悟本體即是功夫，人已內外一齊俱透了。其次不免有習心在，本體受蔽，故且教在意念上實落為善去惡。功夫熟後，渣滓去得盡時，本體亦明盡了。汝中之見，是我這裏接利根人的。德洪之見，是我這裏為其次立法的。二君相取為用，則中人上下皆可引人於道。若各執一邊，眼前便有失人，便於道體各有未盡。」
（《傳習錄》下）

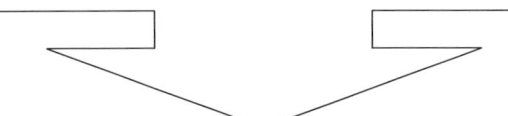

⬇

1. 在王守仁看來，王畿為「利根之人一悟本體即是功夫，人已內外一齊俱透了」。
2. 錢德洪為「不免有習心在，本體受蔽，故且教在意念上實落為善去惡。功夫熟後，渣滓去得盡時，本體亦明盡了」。
3. 二人對於修養工夫的看法並非孰是孰非的問題，而是思考點不同而已。王畿強調由本心而發，故不染一塵，而錢德洪強調習心的干擾，是以必須要有為善去惡的工夫，以去除習心，回到本然至善之心體。

第九十回
浙中王門（二）錢德洪：
是止至善也者，未嘗離誠意而得也

　　錢德洪，名寬，字德洪，後以字行，改字洪甫，學者稱緒山先生，餘姚人。生於明孝宗弘治九年（1496），卒於明神宗萬曆二年（1574），年七十九。王守仁自南京兵部尚書歸里後，錢德洪偕數十人共學焉。當時士大夫務以講學為名高，是以錢德洪在野三十年，無日不講學。《明史》本傳評曰：「德洪徹悟不如畿，畿持循亦不如德洪，然畿竟入於禪，而德洪猶不失儒者矩矱云。」

　　錢德洪雖重視後天的誠意工夫，但仍肯定心體良知至善的先天性，其曰：「心之本體，純粹無雜，至善也。良知者，至善之著察也。良知即至善也。心無體以知為體，無知即無心也。知無體以感應之是非為體，無是非即無知也。意也者，以言乎其感應也。物也者，以言乎其感應之事也，而知則主宰乎事物是非之則也。意有動靜，此知之體不因意之動靜有明暗也。物有去來，此知之體不因物之去來為有無也。」（《明儒學案》卷十一）

　　相對於王畿的利根頓悟，錢德洪對於修養更注重接物時對良知的蒙蔽干擾，故必須要有誠意的工夫，其曰：「心體是天命之性，原是無善無惡的。但人有習心，意念上見有善惡在，格、致、誠、正、修，此正是復那性體功夫。若原無善惡，功夫亦不消說矣。」（《傳習錄》卷下）、又曰：「此心從無始中來，原是止的，雖千思百慮，只是天機自然，萬感萬應，原來本體常寂。只為吾人自有知識，便功利嗜

好，技能聞見，一切意必固我，自作知見，自作憧擾，失卻至善本體，始不得止。須將此等習心一切放下，始信得本來自性原是如此。」(《明儒學案》卷十一)習心作祟使得良知無法朗現，故誠意的工夫尤為重要，是以錢德洪對於王畿現成良知說與聶豹歸寂本體說甚有不滿，其曰：「誠意之功，自初學用之即得入手，自聖人用之精詣無盡。吾師既歿，吾黨病學者善惡之機生滅不已，乃於本體提揭過重，聞者遂謂『誠意不足以盡道，必先有悟而意自不生，格物非所以言功，必先歸寂而物自化。』遂相與虛憶以求悟，而不切乎民彝物則之常；執體以求寂，而無有乎圓神活潑之機。」(《明儒學案》卷十一)、又曰：「師云：『誠意之極，止至善而已。』是止至善也者，未嘗離誠意而得也。言止則不必言寂，而寂在其中。言至善則不必言悟，而悟在其中。」(《明儒學案》卷十一)

朱熹、錢德洪之誠意工夫

1 朱熹

> 誠其意者，自脩之首也。毋者，禁止之辭。自欺云者，知為善以去惡，而心之所發有未實也。謙，快也，足也。獨者，人所不知而己所獨知之地也。言欲自脩者知為善以去其惡，則當實用其力，而禁止其自欺。使其惡惡則如惡惡臭，好善則如好好色，皆務決去，而求必得之，以自快足於己，不可徒苟且以殉外而為人也。然其實與不實，蓋有他人所不及知而己獨知之者，故必謹之於此以審其幾焉。(《大學章句》)

朱熹的誠意工夫，強調工夫的真實無欺之狀。因人受氣質之性影響，

所以本然至善的天地之性被蒙而不顯，是以必須透過後天的修養工夫，使行止皆合於天理。

2　錢德洪

> 心體是天命之性，原是無善無惡的。但人有習心，意念上見有善惡在，格、致、誠、正、修，此正是復那性體功夫。若原無善惡，功夫亦不消說矣。(《傳習錄》卷下)

> 此心從無始中來，原是止的，雖千思百慮，只是天機自然，萬感萬應，原來本體常寂。只為吾人自有知識，便功利嗜好，技能聞見，一切意必固我，自作知見，自作憧擾，失卻至善本體，始不得止。須將此等習心一切放下，始信得本來自性原是如此。(《明儒學案》卷十一)

錢德洪的誠意工夫，主要是對治習心之病。習心之成，受欲望與聞見的習染，故誠意工夫在於去其習染，讓心體所發之意念，順著本心良知而發用。

第九一回
江右王門（一）鄒守益：
敬也者，良知之精明而不雜以塵俗者也

　　鄒守益，字謙之，學者稱東廓先生，安福人。明穆宗隆慶初，贈南京禮部右侍郎，諡文莊。生於明孝宗弘治四年（1491），卒於明世宗嘉靖四十一年（1562），年七十二。王守仁過世時，鄒守益為之服心喪，日與呂柟（1479-1542）、湛若水、錢德洪、王畿、薛侃（1486-1546）等人論學，學問由是而日進，成為王門重要的學者之一。

　　鄒守益的思想亦是發揮王守仁的良知說，但更重視主敬、戒懼工夫，其曰：「良知之教，乃從天命之性，指其精神靈覺而言。惻隱、羞惡、辭讓、是非，無往而非良知之運用，故戒懼以致中和，則可以位育。擴充四端，則可以保四海。初無不足之患，所患者未能明耳。」（〈復夏敦夫〉）雖肯定良知的先天性，但無主敬、戒懼工夫，則無法達到已發而中節狀態，從而無法朗現先天本明的良知本體，故鄒守益又曰：「聖門要旨，只在修己以敬。敬也者，良知之精明而不雜以塵俗也。戒慎恐懼，常精常明，則出門如賓，承事如祭，故道千乘之國，直以敬事為綱領。」（〈與胡鹿崖〉）

　　不過鄒守益的敬與戒懼工夫和程、朱學者不同，程、朱學者認為心之本體和心之發用是有區別的，但鄒守益則強調心之本體和心之發用本為一體，主敬、戒懼工夫的目的，亦在於確保其間的體用關係能合一，故曰：「夫良知一也，有指體而言者，寂然不動是也。有指用

而言者,感而遂通天下之故是也。指其寂然者,謂之未發之中,謂之所存者神,謂之廓然而大公。指其感通處謂之已發之和,謂之所過者化,謂之物來而順應。體用非二物也。學者果能戒慎恐懼,實用其力,不使自私用智之障得以害之,則常寂常感,常神常化,常大公常順應,若明鏡瑩然,萬物畢照,未應不是先,已應不是後矣。」(〈復黃致齋〉)、又曰:「若倚於感則為逐外,倚於寂則為專內,雖高下殊科,其病於本性均也。」(〈再答雙江〉)由於鄒守益特別看重主敬和戒懼工夫,認為唯有常使良知處於清明之態,致良知的工夫才有意義,故黃宗羲評曰:「先生之學,得力於敬。敬也者,良知之精明而不雜以塵俗者也。吾性體行於日用倫物之中,不分動靜,不舍晝夜,無有停機。流行之合宜處謂之善,其障蔽而壅塞處謂之不善,蓋一忘戒懼則障蔽而壅塞矣,但令無往非戒懼之流行,即是性體之流行矣。」(《明儒學案》卷十六)

錢德洪、鄒守益的心體工夫比較

1 錢德洪

> 心體是天命之性,原是無善無惡的。但人有習心,意念上見有善惡在,格、致、誠、正、修,此正是復那性體功夫。若原無善惡,功夫亦不消說矣。(《傳習錄》卷下)

> 此心從無始中來,原是止的,雖千思百慮,只是天機自然,萬感萬應,原來本體常寂。只為吾人自有知識,便功利嗜好,技能聞見,一切意必固我,自作知見,自作憧擾,失卻至善本體,始不得止。須將此等習心一切放下,始信得本來自性原是

如此。(《明儒學案》卷十一）

錢德洪的誠意工夫，主要是對治習心之病。習心之成，受欲望與聞見的習染，故誠意工夫在於去其習染，讓心體所發之意念，順著本心良知而發用。

2　鄒守益

聖門要旨，只在修己以敬。敬也者，良知之精明而不雜以塵俗也。戒慎恐懼，常精常明，則出門如賓，承事如祭，故道千乘之國，直以敬事為綱領。(《與胡鹿崖》)

夫良知一也，有指體而言者，寂然不動是也。有指用而言者，感而遂通天下之故是也。指其寂然者，謂之未發之中，謂之所存者神，謂之廓然而大公。指其感通處謂之已發之和，謂之所過者化，謂之物來而順應。體用非二物也。學者果能戒慎恐懼，實用其力，不使自私用智之障得以害之，則常寂常感，常神常化，常大公常順應，若明鏡瑩然，萬物畢照，未應不是先，已應不是後矣。(《復黃致齋》)

鄒守益的敬與戒懼工夫的主體在於良知而非習心。必須時時刻刻保持至善之心體，勿使有偏。

第九二回
江右王門（二）聶豹：良知者，虛靈之寂體，感於物而後有知

聶豹，字文蔚，號雙江，永豐人。生於明憲宗成化二十三年（1487），卒於明世宗嘉靖四十二年（1563），年七十七。明穆宗隆慶初，贈少保，諡貞襄。聶豹對於王守仁的良知說甚感興趣，兩人相互辯難後，聶豹遂更心服王守仁。王守仁離世時，聶豹為位哭，並以弟子自處。聶豹學問主良知歸寂說，雖與王守仁致良知說有別，但仍為王門重要的學者之一。

聶豹的良知歸寂說，強調良知本體為靜寂之狀，反對將動感之狀視為良知本體，其曰：「竊謂良知本寂，感於物而後有知。知，其發也，不可遂以知發為良知，而忘其發之所自也。心主乎內，應於外而後有外。外，其影也，不可以其外應者為心，而遂求心於外也。故學問之道，自其主乎內之寂然者求之，使之寂而常定也，則感無不通，外無不該，動無不判，而天下之能事畢矣。」（〈答歐陽南野書〉三）王守仁的良知本體兼具動靜，且具有主動發用的意義，不過聶豹卻認為良知的本體為寂，必須感於物才有動，因此屬於被動發用的意義，是以聶豹特重致其本體靜寂之知的工夫，其曰：「知者，心之體，虛靈不昧，即明德也。致者，充滿其虛靈之本體，致知即致中也。寂然不動，先天而天弗違者也。格物者，致知之功用，物各付物，感而遂通天下之故，何思何慮，後天而奉天時者也。」（〈答亢子益〉）

聶豹與羅洪先皆主張心體歸寂，因而與當時王門弟子的現成良知說不同，其曰：「今之講良知之學者，其說有二：一曰，良知者，知覺而已，除卻知覺，別無良知。因其知之所及而致之，則知致矣。是謂無寂感，無內外，無先後，而渾然一體者也。一曰，良知者，虛靈之寂體，感於物而後有知，知其發也。致知者，惟歸寂以通感，執體以應用，是謂知遠之近，知風之自，知微之顯，而知無不良也。」（〈贈王學正之宿遷序〉）聶豹指出王畿的現成良知說只是以發用知覺為良知，忽略心體本寂的意義，故無工夫層次的區別，而歸寂良知說主張以靜為體、以動為用，體用工夫層次分明。類似的看法，亦見於羅洪先之語曰：「夫良知該動靜，合內外，其體統也，吾之主靜所以致之。蓋言學也，學時有所由而入，未有入室而不由戶者。苟入矣，雖謂良知本靜亦可也。雖謂致知為慎動，亦可也。」（〈答董蓉山〉）

王畿、聶豹之良知說

1　王畿

良知原是無中生有。即是未發之中，此知之前更無未發。即是中節之和，此知之後更無已發。自能收斂，不須更主於收斂，自能發散，不須更期於發散。當下現成，不假功夫修證而後得。（《王龍溪先生全集》卷十七）

念有二義，是為現在心，所謂正念也。二心為念，是為將迎心，所謂邪念也。心為現在之心，則念為現在之念，知為現在之知，而物為現在之物。現在則無將迎而一之也。（《明儒學案》卷十二）

王畿的現成良知說，主張涵養和發用都本於良知。未發為至善之無，已發而中節，即良心發用，是以無將迎之心。

2 聶豹

> 竊謂良知本寂，感於物而後有知。知，其發也，不可遂以知發為良知，而忘其發之所自也。心主乎內，應於外而後有外。外，其影也，不可以其外應者為心，而遂求心於外也。故學問之道，自其主乎內之寂然者求之，使之寂而常定也，則感無不通，外無不該，動無不判，而天下之能事畢矣。(〈答歐陽南野書〉三)

> 知者，心之體，虛靈不昧，即明德也。致者，充滿其虛靈之本體，致知即致中也。寂然不動，先天而天弗違者也。格物者，致知之功用，物各付物，感而遂通天下之故，何思何慮，後天而奉天時者也。(〈答亢子益〉)

聶豹的良知本寂說，主要借用無中生有概念言良知本體寂然之狀。良知發用為有，須仰賴接物所引，但其主體仍在良知而非外物，故為主於內而應於外，此為致良知的工夫。

第九三回
江右王門（三）羅洪先：
致良知者，致吾心之虛靜而寂焉

　　羅洪先，字達夫，號念庵，吉水人。生於明孝宗弘治十七年（1504），卒於明世宗嘉靖四十三年（1564），年六十一。明穆宗隆慶初，贈光祿少卿，諡文莊。羅洪先十五歲時喜讀王守仁《傳習錄》，欲往受業，但不為其父羅循所允許，其後益尋求王守仁心學論著，不過始終未及於王守仁門下。其教人多闡發《易傳》「寂然不動」、周敦頤「無欲故靜」之旨，故曰：「儒者學在經世，而以無欲為本。惟無欲，然後出而經世，識精而力鉅。」（《明史》）

　　羅洪先的理學思想歷經了三個階段，黃宗羲指出：「先生之學，始致力於踐履，中歸攝於寂靜，晚徹悟於仁體。」（《明儒學案》卷十八）羅洪先中年由踐履而歸於主靜，與陳獻章的靜坐工夫有關，其曰：「某自幼讀先生之書，考其所學，以虛為基本，以靜為門戶，以四方上下、往古來今，穿紐湊合為匡郭，以日用常行分殊為功用，以勿忘助之間為體認之則，以未嘗致力而應用不遺為實得。蓋雖未嘗及門，然每思江門之濱，白沙之城，不覺夢寐之南也。」（《告衡山白沙先生祠文》）由於學問重心轉向主靜，因此羅洪先認為心體應以虛靜為本體，其曰：「當極靜時，恍然覺吾此心虛寂無物，旁通無窮，有如長空雲氣流行，無有止極。有如大海魚龍變化，無有間隔。無內外可指，無動靜可分，上下四方，往古來今，渾成一片，所謂無在而無不在。」（《答門人》）、又曰：「未感之前，寂未嘗增，非因無念無知

而後有寂也。既感之後，寂未嘗減，非因有念有知而遂無寂也。此虛靈不昧之體，所謂至善。善惡對待者，不足以名之。」（〈答郭平川〉）心體本虛寂故為靜，在體用關係、理一分殊的架構下，本寂之體完滿具足，不因分殊而有所增減，此便是羅洪先所稱之良知本體。在此前提下，追求無欲為其修養工夫的目的，其曰：「夫欲之有無，獨知之地，隨發隨覺，顧未有主靜之功以察之耳。誠察之，固有不待乎外者。而凡考古證今，親師取友，皆所以為寡欲之事。」（〈答高白坪〉）、又曰：「昔洪先所嘗著力者，以無欲為主。辨欲之有無，以當下此心微微覺處為主。此覺處甚微，非志切與氣定，即不自見。」（〈答李二守〉）於是羅洪先亦贊同聶豹的歸寂說，其曰：「致良知者，致吾心之虛靜而寂焉，以出吾之是非，非逐感應以求其是非，使人擾擾外馳，而無所於歸以為學也。夫知其發也，知而良則其未發，所謂虛靜而寂焉者也。吾能虛靜而寂，雖言不及惑，亦可也。」（〈雙江七十序〉）

聶豹、羅洪先之歸寂說

1 聶豹

竊謂良知本寂，感於物而後有知。知，其發也，不可遂以知發為良知，而忘其發之所自也。心主乎內，應於外而後有外。外，其影也，不可以其外應者為心，而遂求心於外也。故學問之道，自其主乎內之寂然者求之，使之寂而常定也，則感無不通，外無不該，動無不判，而天下之能事畢矣。（〈答歐陽南野書〉三）

> 知者，心之體，虛靈不昧，即明德也。致者，充滿其虛靈之本體，致知即致中也。寂然不動，先天而天弗違者也。格物者，致知之功用，物各付物，感而遂通天下之故，何思何慮，後天而奉天時者也。(〈答亢子益〉)

聶豹的良知本寂說，主要借用無中生有概念言良知本體寂然之狀。良知發用為有，須仰賴接物所引，但其主體仍在良知而非外物，故為主於內而應於外，此為致良知的工夫。

2 羅洪先

> 未感之前，寂未嘗增，非因無念無知而後有寂也。既感之後，寂未嘗減，非因有念有知而遂無寂也。此虛靈不昧之體，所謂至善。善惡對待者，不足以名之。(〈答郭平川〉)

> 夫欲之有無，獨知之地，隨發隨覺，顧未有主靜之功以察之耳。誠察之，固有不待乎外者。而凡考古證今，親師取友，皆所以為寡欲之事。(〈答高白坪〉)

> 昔洪先所嘗著力者，以無欲為主。辨欲之有無，以當下此心微微覺處為主。此覺處甚微，非志切與氣定，即不自見。(〈答李二守〉)

羅洪先的良知本寂，結合良知之學和周敦頤太極主靜說。良知本體為靜、為無欲，但此本體非太極之體，而是至善的道德心體。

第九四回
泰州王門（一）王艮：
百姓日用條理處，即是聖人之條理處

　　王艮，字汝止，初名銀，王守仁為之更名，學者稱心齋先生，安豐場人。生於明憲宗成化十九年（1483），卒於明世宗嘉靖二十年（1541），年五十八。王艮三十八歲時，適逢王守仁巡撫江西，王艮遂親至江西與之辯論。然隔天王艮猶有不服，遂再與之辯論，最終王艮心服而以弟子禮師之。

　　王艮致良知工夫的主旨強調良知朗現不假安排，其曰：「良知之體與鳶魚同一活潑潑地，當思則思，思則通之，何嘗纏繞。要之自然天則，不著人力安排。」((《明儒學案》卷三十二))良知是日常自然地朗現，不假人力安排，任何人皆能如此，故王艮認為百姓日用即是道，其曰：「先生呼其僕，即應，命之取茶，即捧茶至。其友（鄒德涵）復問，先生曰：『才此僕未嘗先有期我呼他的心，我一呼之便應，這便是無思無不通。』是友曰：『如此則滿天下都是聖人了。』先生曰：『卻是日用而不知，有時懶困著了，或作詐不應，便不是此時的心。」(《明儒學案》卷十六)、又曰：「百姓日用條理處，即是聖人之條理處，聖人知便不失，百姓不知便為失。」(《明儒學案》卷三十二)良知的自然朗現，意味著日用之間的應接無處不是道，不受人物身分的限制、不受工夫的有無，隨時隨地皆能致其良知，不假人力而能相應。

此外王艮又從《大學》裡歸納出明哲保身之說，強調修身工夫以身為始、為要，其曰：「明哲者，良知也。明哲保身者，良知良能也。知保身者，則必愛身；能愛身，則不敢不愛人；能愛人，則人必愛我；人愛我，則吾身保矣。能愛身者，則必敬身；能敬身，則不敢不敬人；能敬人，則人必敬我；人敬我，則吾身保矣。」(〈明哲保身論〉)順此而下，王艮遂提出淮南格物說，其曰：「格如格式之格，即絜矩之謂。吾身是個矩，天下國家是個方，絜矩則知方之不正，由矩之不正也。」(《明儒學案》卷三十二)淮南格物說以身為核心，強調致良知的實踐性意義，不同於朱熹強調格物致知、王守仁強調正心誠意，因此《大學》修身便成了安身的工夫，故王艮又曰：「止至善者，安身也，安身者，立天下之大本也。本治而末治，正己而物正也，大人之學也。是故身也者，天地萬物之本也。天地萬物，末也。知身之為本，是以明明德而親民也。」(《明儒學案》卷三十二)

王守仁、王艮之格物說

1　王守仁

窮理者，兼格、致、誠、正而為功也。故言窮理，則格、致、誠、正之功皆在其中；言格物，則必兼舉致知、誠意、正心，而後其功始備而密。今偏舉格物而遂謂之窮理，此所以專以窮理屬知，而謂格物未常有行。非惟不得格物之旨，並窮理之義而失之矣。此後世之學所以析知行為先後兩截，日以支離決裂，而聖學益以殘晦者，其端實始此。(《傳習錄》中)

致知必在於格物。物者，事也。凡意之所發必有其事，意所有

> 之事謂之物。格者，正也。正其不正以歸於正之謂也。(《大學問》)

王守仁的格物說，主要對治朱熹的格物說解。主張知與行合一，反對朱熹格物致知屬知，誠意以下屬行。

2　王艮

> 格如格式之格，即絜矩之謂。吾身是個矩，天下國家是個方，絜矩則知方之不正，由矩之不正也。是以只去正矩，卻不在方上求，矩正則方正矣，方正則成格矣，故曰物格。吾身對上下前後左右是物，絜矩是格也。其本亂而末治者否矣，便見絜度格字之義。格物，知本也，立本，安身也，安身以安家而家齊，安身以安國而國治，安身以安天下而天下平也。故曰修己以安人，修己以安百姓，修其身而天下平。不知安身，便去幹天下國家事，是之為失本。」(《明儒學案》卷三十二)

王艮的格物說，主張以己身擴充至家國天下。特別重視《大學》絜矩工夫的實踐。

第九五回
泰州王門（二）羅汝芳：
赤子之心，渾然天理

　　羅汝芳，字維德，號近溪，南城人。生於明武宗正德十年（1515），卒於明神宗萬曆十六年（1588），年七十四。明世宗嘉靖三十二年進士，明熹宗天啟初，追諡文懿。羅汝芳少時讀薛瑄語，謂：「萬起萬滅之私，亂吾心久矣，今當一切決去，以全吾澄然湛然之體。」遂決志行之。於是閉關臨田寺，几上置水鏡，對之默坐，使心與水鏡無二，久之而病心火。偶過僧寺，見有榜急救心火者，以為名醫而訪之，則聚而講學者也。羅汝芳從眾中聽良久，喜曰：「此真能救我心火。」問之，即為王艮門人顏鈞（1504-1596），於是羅汝芳便向之請益，顏鈞曰：「子不觀孟子之論四端乎？知皆擴而充之，若火之始然，泉之始達，如此體仁，何等直截！故子患當下日用而不知，勿妄疑天性生生之或息也。」其心病遂癒。顏鈞以詭怪猖狂著稱，其學近於釋氏，故羅汝芳之學亦被譏為近釋之學。

　　羅汝芳的良知說強調對赤子之心的體認，認為致良知就是發揮赤子之心，此心渾然天成於人性之中，並非後天工夫所形塑，其曰：「天初生我，只是個赤子。赤子之心，渾然天理，細看其知不必慮，能不必學，果然與莫之為而為，莫之致而至的體段，渾然打得對同過。」（《明儒學案》卷三十四）又曰：「今人言心，不曉從頭說心，卻說後來心之所知所能，是不認得原日之耳目，而徒指後來耳之所聽，目之所視者也。」（《明儒學案》卷三十四）對於赤子之心的體

認，羅汝芳認為人為的忘助工夫是無法體認此心的發用，故曰：「今若說良知是個靈的，便苦苦的去求他精明。殊不知要他精，則愈不精，要他明，則愈不明。豈惟不得精神，且反致坐下昏睡沉沉，更支持不過了。若肯反轉頭來，將一切都且放下，到得坦然蕩蕩，更無戚戚之懷，也無憧憧之擾，此卻是從虛上用功了。」（《明儒學案》卷三十四）相反地，盡棄人為造作，以虛待之，隨事而應，此便是赤子之心的發用，因此致良知工夫，便是將此赤子之心隨事而發，無處不是道、無時不是道，其曰：「我的心，也無個中，也無個外。所謂用功也，不在心中，也不在心外。只說童子獻茶來時，隨眾起而受之，從容啜畢，童子來接時，隨眾付而與之。君必以心相求，則此無非是心；以工夫相求，則此無非是工夫。若以聖賢格言相求，則此亦可說動靜不失其時，其道光明也。」（《明儒學案》卷三十四）

羅汝芳的冰水之喻

> 吾心覺悟的光明，與鏡面光明卻有不同。鏡面光明與塵垢原是兩個，吾心先迷後覺，卻是一個……若必欲尋個譬喻，莫如冰之與水，猶為相近。吾人閒居，放肆一切利欲愁苦，即是心迷，譬則水之遇寒，凍而凝結成冰，固滯蒙昧，勢所必至。有時師友講論，胸次瀟灑，是心開朗，譬則冰之暖氣消融，解釋成水，清瑩活動，亦勢所必至也。冰雖凝而水體無殊，覺雖迷而心體具在，方見良知宗旨，貫古今，徹聖愚，通天地萬物而無二、無息者也。（《明儒學案》卷三十四）

1. 對於欲念雜於心而做的去人欲工夫，羅汝芳以去冰還水比喻之。

2. 心體之迷並非外物雜於心，如同沙塵蒙於鏡面一般，心體之迷只是心體未覺，如水結冰，雖蒙昧但仍保有水的本質。
3. 澄心的工夫在於去除未覺蒙昧之心，以歸返原本赤子之心。

第九六回
劉宗周：善知惡之知，即是好善惡惡之意，即是無善無惡之體

　　劉宗周，字起東，號念臺，晚更號克念子，山陰人。生於明神宗萬曆六年（1578），卒於清順治帝順治二年（1645），年六十八。劉宗周先是受家學影響，進士第後又與許孚遠（1535-1604）、東林學派劉永澄（1576-1612）、高攀龍（1562-1626）等人論學，其學問以慎獨工夫為宗，兼採諸說而成一家之言，被譽為宋明理學殿軍人物。

　　在理氣關係上，劉宗周較重理氣相合的流行變化，其曰：「盈天地間一氣而已矣。」（《明儒學案》卷六十二）、又曰：「理即是氣之理，斷然不在氣先，不在氣外。知此，則知道心即人心之本心。義理之性，即氣質之本性，千古支離之說，可以盡掃。」（《明儒學案》卷六十二）劉宗周肯定理氣相合的狀態，因此人之性即為氣質含理之性，其曰：「凡言性者，皆指氣質而言也。或曰：『有氣質之性，有義理之性。』亦非也。盈天地間，止有氣質之性，更無義理之性。」（《明儒學案》卷六十二）、又曰：「心只有人心，而道心者，人之所以為心也。性只有氣質之性，而義理之性者，氣質之所以為性也。」（《明儒學案》卷六十二）

　　在修養工夫方面，劉宗周修正王守仁四句教，其曰：「有善有惡者心之動，好善惡惡者意之靜，知善知惡者是良知，有善無惡者是物則。」（《明儒學案》卷六十二）、又曰：「心無善惡，而一點獨知，知善知惡。知善知惡之知，即是好善惡惡之意，好善惡惡之意，即是無

善無惡之體，此之謂無極而太極。意者心之所存，非所發也。」(《明儒學案》卷六十二) 王守仁四句教以無善無惡的良知為心之體，意則是心體所發，故為有善有惡。不過劉宗周認為念是心之所發，而意是心之所存，為心之主宰，是超越善惡的至善，故又稱為「獨體」，其曰：「如惡惡臭，如好好色，蓋言獨體之好惡也。」(《明儒學案》卷六十二)、又曰：「獨體只是個微字，慎獨之功，亦只在於微處下一著子，總是一毛頭立不得也，故曰『道心惟微』。」(《明儒學案》卷六十二) 劉宗周結合《大學》誠意工夫裡惡惡臭、好好色之毋自欺慎獨工夫和《中庸》戒慎恐懼的慎獨工夫，指出修身為學當從己心之隱微處著手，而意既然為心之主宰，則誠意的工夫便是己心的慎獨工夫，故又曰：「無事，此慎獨即是存養之要。有事，此慎獨即是省察之功。獨外無理，窮此之謂窮理，而讀書以體驗之。獨外無身，修此之謂修身，而言行以踐履之。其實一事而已。知乎此者，謂復性之學。」(《明儒學案》卷六十二)

劉宗周的化念歸心工夫

> 心、意、知、物是一路，不知此外何以又容一念字？今心為念，蓋心之餘氣也。餘氣也者，動氣也，動而遠乎天，故念起念滅，為厥心病，還為意病，為知病，為物病。故念有善惡，而物即與之為善惡，物本無善惡也。念有昏明，而知即與之為昏明，知本無昏明也。念有真妄，而意即與之為真妄，意本無真妄也。念有起滅，而心即與之為起滅，心本無起滅也。故聖人化念歸心，要於主靜。(《學言》中)

1. 劉宗周認為己心的慎獨工夫是兼含未發存養和已發省察兩方面。
2. 心之所發的念有善有惡，必須在慎獨的工夫裡依於至善的意，使念歸於善，此便是化念歸心的意義。

第九七回
黃宗羲：理也，氣也，心也，歧而為三，不知天地間祇有一氣

　　黃宗羲，字太沖，號梨洲，世稱南雷先生或梨洲先生，餘姚人。生於明神宗萬曆三十八年（1610），卒於清康熙帝康熙三十四年（1695），年八十六。抗清失利後，黃宗羲則歸隱奉母，投身於講學和著書，其學問注重實學，反對空疏言理，在經學、天文、曆算、數學、音律、輿地、詩文以及版本目錄等方面皆有成就，亦為明末清初之際的大儒。

　　黃宗羲的理氣關係屬於氣本論的範疇，反對程頤、朱熹的理氣論，贊同羅欽順的理氣思想，其曰：「蓋先生之論理氣最為精確，謂通天地，亙古今，無非一氣而已……初非別有一物依於氣而立、附於氣以行也。」（《明儒學案》卷四十七）是以黃宗羲肯定宇宙萬物皆是氣化流行的意義，理只是氣化流行的原理原則，而人物之生亦屬於此，其曰：「人稟是氣以生，心即氣之靈處，所謂知氣在上也。心體流行，其流行而有條理者即性也。」（《孟子師說》卷上）黃宗羲認為理不離於氣，人之心與性亦不離於氣，因而在理氣關係下，心與性為氣質含理之心與氣質含理之性，故又曰：「理也，氣也，心也，歧而為三，不知天地間祇有一氣。其升降往來即理也，人得之以為心，亦氣也。」（《明儒學案》卷三）

　　在心性工夫方面，黃宗羲則提出「盈天地皆心」的說法，其曰：「盈天地皆心也，變化不測，不能不萬殊。心無本體，工夫所至，即

其本體，故窮理者，窮此心之萬殊，非窮萬物之萬殊也。」(《明儒學案‧黃梨洲先生原序》)、又曰：「盈天地間皆心也，人與天地萬物為一體，故窮天地萬物之理，即在吾心之中。後之學者，錯會前賢之意，以為此理懸空於天地萬物之間，吾從而窮之，不幾於義外乎？」(〈明儒學案序〉)從氣化萬物的角度來看，人、物皆由氣所生成，而理又在氣中，因此黃宗羲反對程頤、朱熹之理在氣先的說法，認為萬物之理與己心之理存在理一分殊的關係，因此格物工夫便是格氣質含理之心。在此前提下，黃宗羲又以工夫論的角度論萬物皆備於我的概念，其曰：「盈天地間無所謂萬物，萬物皆因我而名。如父便是吾之父，君便是吾之君，君父二字，可推之為身外乎？然必實有孝父之心，而後成其為吾之父。實有忠君之心，而後成其為吾之君。此所謂反身而誠。」(《孟子師說》卷下)父、君的意義生成完全根源於己心的自覺，在表述上近於王守仁的心學說法。

劉宗周「盈天地皆氣」、黃宗羲「盈天地皆心」的比較

1　劉宗周

> 盈天地間一氣而已矣。有氣斯有數，有數斯有象，有象斯有名，有名斯有物，有物斯有性，有性斯有道，故道其後起也。(《明儒學案》卷六十二)

> 理即是氣之理，斷然不在氣先，不在氣外。知此，則知道心即人心之本心。義理之性，即氣質之本性，千古支離之說，可以盡掃。(《明儒學案》卷六十二)

（1）劉宗周的氣學對治程、朱學派的理學。
（2）理學派肯定理在氣先且理氣相合，但劉宗周認為氣化流行才是本體，流行之氣中有其理，理氣不離，但理不先於氣。

2　黃宗羲

> 盈天地皆心也，變化不測，不能不萬殊。心無本體，工夫所至，即其本體，故窮理者，窮此心之萬殊，非窮萬物之萬殊也。(《明儒學案・黃梨洲先生原序》)

> 盈天地間皆心也，人與天地萬物為一體，故窮天地萬物之理，即在吾心之中。後之學者，錯會前賢之意，以為此理懸空於天地萬物之間，吾從而窮之，不幾於義外乎？此處一差，則萬殊不能歸一。夫苟工夫著到，不離此心，則萬殊總為一致。(〈明儒學案序〉)

（1）黃宗羲的心學亦是對治程、朱學派的理學。
（2）理學派多肯認價值在於性，而心雜氣稟有所偏，但黃宗羲認為萬物之心總攝於吾心，吾心即是價值，非向外求理而加於吾心。

第九八回
王夫之：
氣隨習易，而習且與性成也

　　王夫之，字而農，號薑齋，晚年隱居湖南衡陽之石船山，自署船山病叟、南嶽遺民，學者稱船山先生，衡陽人。生於明神宗萬曆四十七年（1619），卒於清康熙帝康熙三十一年（1692），年七十四。王夫之出身書香世家，加入「匡社」積極用世以匡扶社稷為目的。然而抗清失利後，歸隱不仕，並以「六經責我開生面」之精神，積極投注於講學著書之中。

　　王夫之的氣學思想承自於張載，故在理氣關係上闡發張載「太虛無形，氣之本體」、「太虛即氣」的思想，其曰：「太虛之為體，氣也，氣未成象，人見其虛，充周無間者皆氣也。」（《張子正蒙注》卷八）、又曰：「於太虛之中具有而未成乎形，氣自足也，聚散變化，而其本體不為之損益。」（《張子正蒙注》卷一）氣做為形下的生成變化，而所根據的便是太虛之體，因此氣本身又具形上的意義。王夫之透過理氣關係，進一步論及道器關係，其曰：「天下惟器而已矣。道者器之道，器者不可謂之道之器也。」（《周易外傳》卷五）、又曰：「形而上者，非無形之謂。既有形矣，有形而後有形而上。」（《周易外傳》卷五）王夫之反對先有道而後有器的理學派思想，從氣論的角度闡述氣本身兼含形上形下的意義，是以稱之「道者器之道，器者不可謂之道之器也」。

　　在人性論上，王夫之亦從氣化的角度論之，其曰：「陰陽二氣充

滿太虛，此外更無他物，亦無間隙，天之象，地之形，皆其所範圍也……在天而天以為象，在地而地以為形，在人而人以為性，性在氣中，屈伸通於一，而裁成變化存焉，此不可踰之中道也。」(《張子正蒙注》卷一) 由於人性亦為太虛之氣所賦予，故王夫之的人性論是就氣稟以成性而言，於是上智、下愚二類的人性皆具有天理和人欲兩方面，其曰：「蓋性者，生之理也。均是人也，則此與生俱有之理，未嘗或異，故仁義禮智之理，下愚所不能滅，而聲色臭味之欲，上智所不能廢，俱可謂之為性。」(《張子正蒙注》卷三) 於是修養工夫便是透過後天的學習以變化氣質，其曰：「體移則氣得其理，而氣之移也以氣，乃所以養其氣而使為功者，何恃乎？此人之能也，則習是也。是故氣隨習易，而習且與性成也。」(《讀四書大全說》卷七) 人之性隨氣化而成，透過後天的學習改變氣質，常使天理主導此性，此便是習與性成的工夫。

王夫之的習與性成工夫

> 蓋性者，生之理也。均是人也，則此與生俱有之理，未嘗或異，故仁義禮智之理，下愚所不能滅，而聲色臭味之欲，上智所不能廢，俱可謂之為性。(《張子正蒙注》卷三)

> 體移則氣得其理，而氣之移也以氣，乃所以養其氣而使為功者，何恃乎？此人之能也，則習是也。是故氣隨習易，而習且與性成也。(《讀四書大全說》卷七)

1. 王夫之受張載氣論的影響，故其論氣則間含形上與形下之意義。

2. 人稟氣而生，張載論之有天地之性與氣質之性之別，是以修養工夫在於對治氣質之性。
3. 王夫之亦主張要透過後天的學習克制聲色臭味之欲，使人性常處以仁義禮智之理。

第九九回
顏元：以孔孟矯正宋明儒

　　顏元，字易直，又字渾然，號習齋，河北博野人。生於明思宗崇禎八年（1635），卒於清康熙帝康熙四十三年（1704），年六十九。顏元生於明末社會動盪的年代，早年生活不穩定，多學兵法之術。二十四歲時，顏元先是受孫奇逢（1584-1675）影響專研陸、王之學，其後二十六歲讀《性理大全》時則改信程、朱之學。不過三十四歲時，因養祖母病逝恪守朱子家禮，發現朱子家禮刪修失當而不合人性，因而對理學產生懷疑。自此以後，顏元主張讀書與習行並進，在講學著書的同時，亦教導學生學習禮、樂、書、數，研究兵、農、水、火諸學。由於學問多以經世為尚，後人便將之與其弟子李塨（1659-1733）合稱為「顏李學派」。

　　顏元的思想以回歸孔、孟為訴求，是以在人性問題上，認為應該以孔、孟為標準，其曰：「愚謂識得孔、孟言性原不異，方可與言性。」（《存性編》卷一）心性方面，顏元認為心、性、才應合併而觀，其曰：「心也，性也，明德也，一也。」（《顏習齋先生言行錄》卷上）又曰：「心之理曰性，性之動曰情，情之力曰才。」（《顏習齋先生年譜》卷下）、又曰：「發者，情也。能發而見於事者，才也。則非情、才無以見性，非氣質無所為情、才，即無所為性。」（《存性編》卷二）故反對宋明儒者將性、才、情視為對立的關係。

　　顏元繼承孟子性善說，認為理氣相合下的人性為善，人之不善是受到外在引蔽習染所影響，其曰：「吾恐澄澈淵湛者，水之氣質。其濁之者，乃雜入水性本無之土，正猶吾言性之有引蔽習染也。其濁之

有遠近多少，正猶引蔽習染之有輕重淺深也。」(《存性編》卷一)因此必須透過後天的學習以去除外在的引蔽習染，而後天學習，又必須在事上用功，反對宋明儒者純粹心性涵養的方式，其曰：「見理已明而不能處事者多矣，有宋儒諸先生便謂還是見理不明，只教人明理，孔子則只教人習事，迨見理於事，則已徹上徹下矣。此孔子之學與程、朱之學所由分也。」(《存學編》卷二)因此格物工夫就是人倫日用的具體實踐，其曰：「格物之格，王門訓正，朱門訓至，漢儒訓來，似皆未穩……元謂當如史書『手格猛獸』之格，『手格殺之』之格，乃犯手捶打搓弄之義，即孔門六藝之教是也。如欲知禮，憑人懸空思悟，口讀身聽，不如跪拜起居，周旋進退，捧玉帛，陳籩豆，所謂致知乎禮者，斯確在乎是矣。」(《習齋記餘》卷六)

顏元理氣相合關係下的思想體系

層面	原典	說明
理氣	生成萬物者，氣也；其往來代謝，流行不已者，數也；而所以然者，理也。(《顏習齋先生言行錄》卷上) 知理氣融為一片，則知陰陽二氣，天道之良能也。(《存性編》卷二)	從現實層面論理氣關係，故不主張理先於氣，而是理氣相合以成萬物。
人性	其靈而能為者，即氣質也。非氣質無以為性，非氣質無以見性。(《存性編》卷一) 形，性之形也。性，形之性也。舍形則無性矣，舍性亦無形矣。失性者據形求	由理氣相合而成人性，是以人性並非就理而言。 顏元所稱之氣質之性並非宋明理學家所謂雜有人欲不齊之狀，相反地，顏元直指氣質之性是合之孟子善性內涵。

層面	原典	說明
	之，盡性者於形盡之，賊其形則賊其性矣。（《存人編》卷一）	
心性	心也，性也，明德也，一也。《大學》言心，即性也。《中庸》言性，即心也。性從心、生，正以其虛靈也，正以其具眾理，應萬事也。不然，則死心矣。（《顏習齋先生言行錄》卷上） 心之理曰性，性之動曰情，情之力曰才。（《顏習齋先生年譜》卷下） 發者，情也。能發而見於事者，才也。則非情、才無以見性，非氣質無所為情、才，即無所為性。（《存性編》卷二）	性、情、才合一而觀，亦為孟子性善觀的延續，因此顏元反對理學家以性制情的看法。

第一百回
戴震：血氣者，天地之化。心知者，天地之神

戴震，字慎修，號東原，安徽徽州休寧人。生於清雍正二年（1724），卒於清乾隆四十二年（1777），年五十四。戴震出生商賈之家，年輕時曾隨其父經商，其後從學於江永（1681-1762），盡得江永的博學之傳，清高宗乾隆三十八年（1173）以舉人身分特詔擔任《四庫全書》纂修官，從事校訂諸書，卒於任上。

戴震的思想以氣本論為核心，主張氣化流行之處即是道，其曰：「道猶行也，氣化流行，生生不息，是故謂之道。」（《孟子字義疏證》卷中）因此戴震認為陰陽二氣在未成形質之前屬形而上，反對程頤、朱熹將陰陽二氣歸為形而下。由於萬物皆由陰陽以成形，因而戴震認為人的心知活動屬於血氣心知，並非程朱、陸王所稱之性理或心理，其曰：「是故血氣者，天地之化。心知者，天地之神。」（《原善》卷上）、又曰：「有血氣，斯有心知，天下之事能於是乎出，君子是以知人道之全於性也。」（《原善》卷上）於是所謂事物之理，即是氣化流行以成物後之理，故戴震曰：「是故就事物言，非事物之外別有理義也。『有物必有則』，以其則正其物，如是而已矣。就人心言，非別有理以予之而具於心也。」（《孟子字義疏證》卷上）

對於萬物之性，戴震認為人與萬物皆由陰陽五行氣化而成，但卻存在稟受不同的情形，其曰：「有偏全、厚薄、清濁、昏明之不齊，各隨所分而形於一，各成其性也……天道，陰陽五行而已矣。人物之性，咸分於道，成其各殊者而已矣。」（《孟子字義疏證》卷中）氣以

成性,是以天理、人欲皆具於人性,因此戴震不同意論性只強調純善無欲的一面,其曰:「凡有血氣心知,於是乎有欲,性之徵於欲,聲色臭味而愛畏分。」(《原善》卷上)、又曰:「人生而後有欲、有情、有知三者,血氣心知之自然也。」(《孟子字義疏證》卷下)戴震承認人欲為人性的自然表徵,近於荀子對人性的表述方式,是以戴震也與荀子同樣思考過多的人欲會導致不好的結果,因此在修養工夫上,戴震主張以節欲取代程朱、陸王學者的去欲主張,其曰:「性,譬則水也。欲,譬則水之流也。節而不過,則為依乎天理,為相生養之道,譬則水由地中行也。」(《孟子字義疏證》卷上)此種方法,類似荀子以禮化性起偽的工夫,是以從修養工夫的角度來看,戴震實則從荀子的工夫論中找到立論基礎。

戴震的血氣心知論

> 有血氣,斯有心知,天下之事能於是乎出,君子是以知人道之全於性也。(《原善》卷上)

> 人生而後有欲、有情、有知三者,血氣心知之自然也。給於欲者,聲色臭味也,而因有愛畏。發乎情者,喜怒哀樂也,而因有慘舒。辨於知者,美醜是非也,而因有好惡。(《孟子字義疏證》卷下)

1. 戴震肯定氣在現實中的作用,故對於氣化流行而成的血氣心知採取中性的看法。
2. 血氣心知有道德、有人欲,只不過仍須要有節欲的工夫,與理學家、心學家去欲的認知不同,反而接近荀子的工夫論。

通識教育叢書・通識課程叢刊

百回中國思想史

作　　者	姚彥淇、王志瑋
	（兩位共同第一作者）
責任編輯	黃筠軒
特約校對	黃佳宜
發 行 人	林慶彰
總 經 理	梁錦興
總 編 輯	張晏瑞
編 輯 所	萬卷樓圖書股份有限公司
印　　刷	維中科技有限公司
排　　版	林曉敏
封面設計	黃筠軒
發　　行	萬卷樓圖書股份有限公司
	臺北市羅斯福路二段 41 號 6 樓之 3
	電話 (02)23216565
	傳真 (02)23218698
	電郵 SERVICE@WANJUAN.COM.TW
香港經銷	香港聯合書刊物流有限公司
	電話 (852)21502100
	傳真 (852)23560735

ISBN 978-626-386-199-2
2025 年 1 月初版
定價：新臺幣 380 元

如何購買本書：
1. 轉帳購書，請透過以下帳戶
合作金庫銀行　古亭分行
戶名：萬卷樓圖書股份有限公司
帳號：0877717092596
2. 網路購書，請透過萬卷樓網站
網址 WWW.WANJUAN.COM.TW

大量購書，請直接聯繫我們，將有專人為您服務。客服：(02)23216565 分機 610

如有缺頁、破損或裝訂錯誤，請寄回更換
版權所有・翻印必究
Copyright©2025by WanJuanLou Books CO., Ltd.
All Rights Reserved　　　Printed in Taiwan

國家圖書館出版品預行編目資料

百回中國思想史/姚彥淇, 王志瑋著. -- 初版. --
臺北市：萬卷樓圖書股份有限公司, 2025.1
　面；　公分. -- (通識課程叢刊)
ISBN 978-626-386-199-2(平裝)

1.CST: 思想史　2.CST: 中國

112　　　　　　　　　　　　113017254